Grochla

Computer-gestützte Entscheidungen
in Unternehmungen

Betriebswirtschaftliche Beiträge zur Organisation
und Automation

Schriftenreihe des Betriebswirtschaftlichen Instituts für Organisation
und Automation an der Universität zu Köln

Herausgeber: Professor Dr. Erwin Grochla, Universität zu Köln

Band 12

Computer-gestützte Entscheidungen in Unternehmungen

Herausgegeben von

Professor Dr. Erwin Grochla

Geschäftsführender Direktor des Betriebswirtschaftlichen Instituts
für Organisation und Automation an der Universität zu Köln

Springer Fachmedien Wiesbaden GmbH

Additional material to this book can be downloaded from http://extras.springer.com.

ISBN 978-3-409-31082-6   ISBN 978-3-663-19701-0 (eBook)
DOI 10.1007/978-3-663-19701-0

Vorwort

Die gegenwärtige Entwicklung auf dem Gebiet der automatisierten
Datenverarbeitung ist durch eine ständig wachsende Zahl der installierten ADV-Anlagen gekennzeichnet. So waren nach der Diebold-
Statistik am 1. Juli 1968 in der Bundesrepublik Deutschland 4.390
ADV-Anlagen installiert. Am 1. Januar 1970 war die Zahl der installierten ADV-Anlagen mit einem durchschnittlichen Monatsmiet-
wert von über DM 8.000 je Anlage bereits auf 5.433 Computerinstallationen angestiegen. Diese stürmische Entwicklung der Nach-
frage nach ADV-Anlagen wird sich auch in der Zukunft nicht reduzie-
ren, sondern vielmehr noch einen wachsenden Trend aufweisen. So
wird der Bestand an installierten ADV-Anlagen in der BRD - ohne
die sog. Kleincomputer - für das Jahr 1975 auf 12.000 installierte
Anlagen geschätzt.

Die mit dieser Entwicklung verbundene Steigerung der Investitionen
(bzw. des Mietaufkommens) zwingt sowohl die Wissenschaft als auch
die Wirtschaftspraxis sich intensiv mit der Entwicklung von Anwendungssystemen zu befassen, die den wirtschaftlichen Einsatz dieser
hochleistungsfähigen Sachmittel nicht nur im Bereich der Verarbeitung von Massendaten ermöglichen, sondern vielmehr ihre Benutzung
in einem integrierten, entscheidungsorientierten Informationssystem
der Unternehmung gewährleisten. Nur wenn es in der Zukunft gelingt, ADV-Anlagen durch die Schaffung entsprechender Anwendungssysteme zur Entscheidungsunterstützung oder gegebenenfalls zur
Entscheidungsfindung selbst einzusetzen, wird der mit ihrem Einsatz verbundene Aufwand wirtschaftlich zu vertreten sein.

Die am 10. April 1970 vom Betriebswirtschaftlichen Institut für Organisation und Automation an der Universität zu Köln veranstaltete
Fachtagung "Computergestützte Entscheidungen in Unternehmungen"
hatte zum Ziel, durch entsprechende Beiträge aus der Wissenschaft
und aus der Wirtschaftspraxis zum ersten Mal in der Bundesrepublik
Deutschland einen Überblick über den Entwicklungsstand computer-
gestützter Entscheidungssysteme in der Wissenschaft und der Wirtschaftspraxis zu geben. Der durch diese Fachtagung initiierte Erfahrungsaustausch zwischen Wissenschaft und Wirtschaftspraxis aber
auch innerhalb der Wirtschaftspraxis selbst soll durch die Veröffentlichung der grundlegenden Vorträge sowie ausgewählter Erfahrungs-

berichte intensiviert werden. Außerdem soll auch solchen Fachleuten aus der Wirtschaftspraxis, die aus terminlichen Gründen verhindert waren an dieser Veranstaltung teilzunehmen, durch diese Publikation die Möglichkeit eröffnet werden, sich aktiv an diesem Erfahrungsaustausch zu beteiligen.

Es würde mich freuen, wenn durch die Fachtagung und diese Publikation ein Anstoß für eine zwischenbetriebliche Kooperation gegeber würde, in deren Rahmen die Probleme bei der Schaffung integrierter, entscheidungsorientierter Anwendungssysteme einer Lösung näher gebracht werden könnte.

An dieser Stelle möchte ich mich nochmals bei den Referenten dafür herzlich bedanken, daß sie ihre Beiträge auch für eine Veröffentlichung zur Verfügung gestellt haben. Ganz besonders danke ich meinem Mitarbeiter Herrn Dipl.-Kfm. Reinhard Gillner für die wertvolle Hilfe bei der Vorbereitung der Fachtagung und dieser Publikation.

Erwin Grochla

Inhaltsverzeichnis

Seite

A. Wissenschaftliche Grundlagen
und Voraussetzungen für die Gestaltung
computer-gestützter Entscheidungssysteme

Grundlagen unternehmerischer Entscheidungen in der Wirtschaftspraxis

— Plenumsreferat —

Von

Dr. Dres. h. c. K. Hax

em. Professor an der Johann-Wolfgang-Goethe-Universität
zu Frankfurt

Inhalt

Das Thema der Tagung lautete "Computergestützte Entscheidungen in Unternehmungen". Die folgenden Ausführungen befassen sich mit der Bedeutung des Entscheidungsproblems für die Unternehmungen (1). Dabei wird unterschieden zwischen dem weit gefaßten Begriff der "Entscheidungen in Unternehmungen" und dem wesentlich engeren Begriff der "unternehmerischen Entscheidung". In welchem Maße der Computer in diesen beiden Bereichen von Nutzen sein kann, das zu zeigen, ist Aufgabe der anschließenden Fachvorträge.

A. Allgemeiner Begriff der Entscheidung

Die Verknüpfung der Entscheidungstheorie mit dem Unternehmensbereich ist eine Folge der neueren Entwicklung der Wirtschaftstheorie. Schumpeter bezeichnete als Merkmal unternehmerischer Tätigkeit die Durchsetzung neuer produktiver Kombinationen, anders ausgedrückt: die Innovation. Herbert A. Simon stellt mehr auf die Art des unternehmerischen Handelns als auf das Ziel ab; er legt den Akzent auf den Entscheidungsprozeß, der für administrative Organisationen charakteristisch sei, und bezeichnet den Unternehmer als "decision maker". Entscheidungen werden aber nicht nur in Unternehmungen gefällt; es handelt sich hier um eine Erscheinung, die das menschliche Handeln allgemein kennzeichnet. Das Wesen der Entscheidung muß deshalb aus einer allgemeinen Theorie des menschlichen Handelns abgeleitet werden. Damit haben sich Psychologen und Soziologen beschäftigt. Grundlage menschlicher Entscheidungen sind die Kenntnisse und Erfahrungen des Individuums, rationale Überlegungen, ethische Wertungen und religiöse Überzeugungen. Von erheblichem Einfluß sind dabei soziale Faktoren, innerhalb derer die Einflüsse nicht-rationaler Art ein besonderes Gewicht haben.

Die wirtschaftliche Entwicklung ist charakterisiert durch fortschreitende Rationalisierung und Dynamisierung. Rationalisierung bedeutet, wachsendes Gewicht rationaler Überlegungen in den Entscheidungsprozessen. Dem wirkt allerdings die zunehmende Komplexität des Entscheidungsprozesses entgegen, weil im Zusammenhang

---

1) Vgl. Arbeitskreis Hax der Schmalenbach-Gesellschaft: Wesen und Arten unternehmerischer Entscheidungen. In: Zeitschrift für betriebswirtschaftliche Forschung, 16. Jg., 1964, S. 685 - 715.

mit der Dynamisierung des Wirtschaftsablaufes die Zahl der Einflußgrößen ständig wächst. Dadurch wird die logisch-gedankliche Bewältigung der Probleme immer schwieriger, und das führt zwangsläufig zur Anwendung mathematischer Methoden, zur Entwicklung einer mathematischen Entscheidungstheorie.

Der allgemeine Begriff der Entscheidung als Bestandteil einer Theorie des menschlichen Handelns wird durch zwei Merkmale gekennzeichnet: einmal muß eine Wahlmöglichkeit (Alternative) gegeben sein, zum anderen muß mit dieser Wahl das Risiko einer Fehlentscheidung verbunden sein.

Das erste Merkmal setzt voraus, daß der decision maker einen gewissen Handlungsspielraum besitzt, daß ihm die Entscheidung nicht vorgegeben ist. Als Beispiel sei auf den Lagerverwalter verwiesen, der die jeweils erforderlichen Nachbestellungen durchführen soll. Er kann diese Entscheidungen selbständig fällen auf Grund einer persönlichen Beurteilung der Bedarfslage; er kann aber auch durch eine mehr oder weniger detaillierte Regelung gebunden sein (Festlegung eines "Meldebestandes" als Signal für eine Nachbestellung in bestimmter Höhe). Im zweiten Falle fehlt die Wahlmöglichkeit; es handelt sich hier nicht um eine "echte" Entscheidung. Der Vorgang kann unter bestimmten Voraussetzungen automatisiert werden. Dem Automaten wird die Entscheidung durch das Programm vorgegeben; deshalb können wir von "programmierter" Entscheidung sprechen. Es liegt dann keine wirkliche Entscheidung in dem von uns formulierten Sinne vor; die "echte" Entscheidung erfolgt vielmehr bei der Festlegung des Programms.

Die Entscheidung des an eine generelle Regelung gebundenen Lagerverwalters ist aber nicht identisch mit der programmierten Entscheidung einer Maschine; sie ist mehr oder auch weniger. Der Mensch kann von der ihm vorgegebenen Regelung abweichen: aus besserer Einsicht (Unterlassen der Nachbestellung, weil der Bedarf an einem bestimmten Werkstoff zurückgegangen ist) oder aus Pflichtvergessenheit. Es handelt sich immer noch um eine menschliche Entscheidung, allerdings nicht auf der "dispositiven" Ebene, sondern auf der Ebene der Ausführung. Deshalb sprechen wir von "Ausführungsentscheidungen".

In diesem Zusammenhang stellt sich die Frage der Automatisierung. Der Mensch sollte nur dort eingesetzt werden, wo es auf seine typisch menschlichen Qualitäten ankommt - seine Denkfähigkeit und seine Fähigkeit, Verantwortung zu übernehmen. Wo diese Voraussetzung entfällt, sollte automatisiert werden; denn der Automat arbeitet nicht nur schneller, sondern auch zuverlässiger als der Mensch. In diesem Sinne ist nicht nur der Unternehmer decision maker, sondern der arbeitende Mensch als solcher, wenn man bei seinem Arbeitseinsatz die eigentlichen menschlichen Qualitäten ins Spiel bringen will.

Ausführungsentscheidungen werden gedanklich leicht mit R o u t i n e - E n t s c h e i d u n g e n in Verbindung gebracht. Bei Entscheidungen, die häufig vorkommen, handelt man gewohnheitsmäßig, ohne vorher nochmals nachzudenken. Das ist einfach eine Frage der inneren Arbeitsökonomie; das Bewußtsein ist in einem solchen Falle nur als Kontrollorgan tätig, d. h. es prüft lediglich, ob sich die Bedingungen des routinemäßigen Handelns geändert haben. Die Routine-Entscheidung ist nicht identisch mit der programmierten Entscheidung der Maschine; der Ablauf ist zwar in gewissem Maße "automatisiert", aber die Entscheidungen können anders als bei der Maschine jederzeit geändert werden, wenn das Bewußtsein eine Änderung der Bedingungen registriert. Routine-Entscheidungen sind auch nicht notwendig identisch mit bloßen Ausführungsentscheidungen; denn auch der disponierende Unternehmer trifft viele wichtige Entscheidungen routinemäßig.

Das zweite Merkmal einer "echten" Entscheidung ist das Risiko der Fehlentscheidung. Es handelt sich dabei um ein funktionales Risiko, das nicht identisch zu sein braucht mit dem Vermögensrisiko, d. h. der Möglichkeit von Vermögensverlusten. Dieses Risiko erwächst aus der Ungewißheit, die bei jeder "echten" Entscheidung gegeben ist. Sie beruht einmal darauf, daß der decision maker über die Daten der Vergangenheit unzureichend informiert ist oder sie nicht richtig auswertet, zum anderen darauf, daß jede Entscheidung in die Zukunft zielt, die sich anders gestalten kann, als man erwartet. Darauf ist die Definition des Risikos durch W. Eucken abgestellt, nämlich als "Abweichung zwischen Plan und Wirklichkeit". Allerdings gibt es zwei Möglichkeiten einer solchen Abweichung: die Möglichkeit der negativen Abweichung, d. i. das Risiko im engeren Sinne, und die Möglichkeit einer positiven Abweichung, die man als Chance bezeichnet. Das Verhältnis von Risiko und Chance ist von großer Bedeutung für den Ablauf des Entscheidungsprozesses beim Unternehmer.

B. Begriff der unternehmerischen Entscheidung

Entscheidungen in der Unternehmung sind nicht identisch mit unternehmerischen Entscheidungen. Der zweite Begriff umfaßt lediglich die Entscheidungen des Unternehmers. Sein Umfang wird also dadurch bestimmt, wer als Unternehmer anzusehen ist. Ist es der Eigentü-

mer, der das Vermögensrisiko trägt (die Aktionäre der Aktiengesellschaft), oder der Geschäftsführer (Manager), der die das Unternehmen bestimmenden Entscheidungen fällt? Beschränkt sich im
zweiten Falle die Unternehmereigenschaft auf die Spitzengruppe (Vor-
standsmitglieder bei der Aktiengesellschaft oder auch Mitglieder des
Aufsichtsrates), oder ist sie auch bei den Mitarbeitern auf den mittleren und unteren Stufen der Organisation gegeben, soweit sie nicht
nur Ausführungsentscheidungen fällen? Dem Wesen der freien Marktwirtschaft mit dezentralisierter Planungs- und Entscheidungsgewalt
entspricht die Abstellung des Unternehmerbegriffes auf den Entscheidungsprozeß und in Verbindung damit eine weite Fassung des Unternehmerbegriffes.

In einer freien Marktwirtschaft, die auf dem Privateigentum und dem
Erwerbsstreben aufbaut, ist die unternehmerische Tätigkeit durch
folgende Merkmale gekennzeichnet:

1. das Gewinnstreben als Motivation, als Motor
2. die Fähigkeit, Gewinnchancen zu erkennen
3. Initiative und Durchsetzungsvermögen, um die erkannten Chancen
   zu nutzen, anders ausgedrückt: Innovationen zu realisieren.
4. die Bereitschaft, Risiken zu übernehmen

Das Gewinnstreben als irrationales Motiv menschlichen Handelns
("Erwerbsgier") wird im Laufe der Entwicklung rationalisiert und
für bestimmte Zwecke objektiviert. Diese Objektivierung erfolgt so,
daß man den Unternehmensgewinn als Maßstab der volkswirtschaftli-
chen Leistung des Unternehmens zu errechnen sucht, wobei die Frage der Gewinnverteilung ausgeklammert wird. Dieser objektivierte
Gewinn der Unternehmung tritt in zwei Formen auf, als kurzfristig
und als langfristig erzielter Gewinn; für die kapitalintensive Unternehmung, die langfristig planen muß, ist allein der langfristig er-
zielbare Gewinn maßgebend. Die Objektivierung des Gewinns als Ge-
winn der Unternehmung hat aber Grenzen. Der Gewinn wirkt als Motor in der Regel nur dann, wenn persönliche Gewinnchancen bestehen. Daher verbindet man gewöhnlich unternehmerische Entscheidungen mit einer Beteiligung am Unternehmensgewinn. Der Gewinn
wird als Ziel und Maßstab unternehmerischer Tätigkeit bisweilen
durch andere Größen ersetzt: man erstrebt etwa Maximierung des
Umsatzes oder des Marktanteils. Diese Größen haben aber nur stell-
vertretende Bedeutung: ausschlaggebend ist auch in diesen Fällen
das Gewinnmotiv. In der Motivationsstruktur des Unternehmers sind
außer rationalen Zielen auch subjektive Ziele wirksam, das Streben
nach Prestige, Macht oder Aufstieg in der sozialen Stufenleiter. Sie
korrelieren mit dem Gewinnmotiv insofern, als ihre Verwirklichung
geschäftliche Erfolge, also Gewinn, voraussetzen.

Das Erkennen und Durchsetzen von besonderen Gewinnchancen setzt eine dynamische Wirtschaft voraus. Im statischen Wirtschaftsmodell gibt es als Folge des Wettbewerbs keine Möglichkeit für Sondergewinne. Sie ergeben sich erst in der dynamischen Wirtschaft infolge der immer wieder entstehenden Ungleichgewichte. Die dem Unternehmer eigene intellektuelle Leistung besteht darin, daß er solche Möglichkeiten rechtzeitig erkennt; diese Leistung wird systematisiert und institutionalisiert in den Formen der Markt- und der Zukunftsforschung. Allerdings darf es nicht bei dieser intellektuellen Leistung bleiben. Die erkannten Möglichkeiten müssen durch eine neuartige Kombination der Produktionsfaktoren genutzt werden; die Durchsetzung der neuen Kombinationen erfordern Anpassungsfähigkeit und Willenskraft. Das Gelingen solcher Innovationen ist erkennbar an zeitlich begrenzten Gewinnen, die über die allgemeine Norm hinausgehen.

Mit jeder unternehmerischen Entscheidung ist ein funktionales Risiko verbunden, das durch die Verknüpfung mit einer Gewinn- und Verlustbeteiligung gleichzeitig zu einem Vermögensrisiko wird. Man hat bisweilen gefragt, ob sich dieses Risiko nicht durch unternehmenspolitische Maßnahmen aufheben lasse, etwa durch eine Konsolidierung aufgrund eines versicherungstechnischen Ausgleichs. Die Möglichkeit wird sowohl von theoretischer als auch von praktischer Seite bejaht. Sie gilt aber nur für große Unternehmen, und auch dort lediglich in begrenztem Rahmen. Unternehmerische Entscheidungen von Gewicht haben immer den Charakter der Einmaligkeit; die für einen versicherungstechnischen Ausgleich erforderliche Gleichartigkeit der Risiken fehlt also. Es handelt sich also nicht um konsolidierbare Risiken, sondern um echte Unsicherheiten (true uncertainty) im Sinne von Knight. Warum geht der Unternehmer ein solches Risiko überhaupt ein? Das ist nur erklärbar aus den gleichzeitig gegebenen Gewinnchancen. Allerdings besteht dabei zwischen Risiken und Chancen keine Symmetrie. Risiken werden vom Unternehmer in der Regel nur bis zu einem bestimmten Ausmaß übernommen; übersteigt das Risiko dieses tragbare Maß, dann wird das Geschäft abgelehnt, auch wenn die Gewinnchancen noch so günstig sind. Hier gerät das Sicherheitsstreben mit dem Gewinnstreben in Konflikt. Allerdings ist dieser Konflikt nur kurzfristig gegeben; langfristig besteht kein Widerspruch, da die langfristige Gewinnmaximierung voraussetzt, daß das Unternehmen als Einkommensquelle erhalten bleibt und nicht leichtfertig wegen kurzfristiger Gewinnchancen aufs Spiel gesetzt wird.

Die Bereitschaft des Unternehmers, Risiken zu übernehmen, ist zwar immer begrenzt; aber der Verlauf dieser Grenze ist subjektiv sehr unterschiedlich. Sie hängt weitgehend ab von der Optimismus/Pessimismus-Relation, die bei jedem Menschen anders gelagert ist. Von Bedeutung ist auch der Grad des Selbstvertrauens: was der eine sich

zutraut und was ihm dann auch meistens gelingt, das wagt der andere
nicht, weil er damit rechnet, daß er scheitern wird. Für uns ist die
Erkenntnis wichtig, daß die Risikobereitschaft des Unternehmers
den geschäftlichen Aktionsbereich des Unternehmens begrenzt und
den unternehmerischen Entscheidungsprozeß maßgeblich beeinflußt.

Es ist noch die Frage zu prüfen, ob alle Entscheidungen in der Unternehmung, welche die genannten Merkmale aufweisen, als unternehmerische Entscheidungen gelten können. Es sei auf das Beispiel
einer Verkäuferin verwiesen, die das Recht hat, beim Verkauf nichtgängiger Waren, Preisnachlässe zu gewähren und für jeden Abschluß
eine Sondervergütung erhält. Derartige Entscheidungen auf einer niederen organisatorischen Ebene haben für das Unternehmen zu geringe Bedeutung. Wegen ihres geringen Gewichtes spricht man ihnen
den Charakter unternehmerischer Entscheidungen ab. Typisch unternehmerische Entscheidungen sind strategische Entscheidungen,
die richtungweisend für die weitere Entwicklung des Unternehmens
sind. Derartige Entscheidungen sind einmal gekennzeichnet durch
das Hinausgreifen in eine weitere Zukunft, verbunden mit höheren
Anforderungen an das Vorausdenken und größerer Ungewißheit, zum
anderen durch die Komplexität der Entscheidung, die sich nicht auf
einen kleinen Teilbereich beschränkt, sondern das ganze Unternehmen mit allen seinen Funktionen betrifft. Hierhin gehören Entscheidungen über Investitionen größeren Umfanges, die nicht nur den Produktionsbereich, sondern auch den Absatz- und den Finanzbereich unmittelbar berühren. Sie können außerdem nicht isoliert gesehen werden, sondern immer nur im Rahmen eines umfassenden Investitionsprogramms. Hier zeigt sich die Begrenztheit von Investitionskalkülen, die nur an einzelne Projekte anknüpfen und praktisch daran scheitern, daß es nicht möglich ist, die zu erwartenden Ausgaben und
Einnahmen der Zukunft einzelnen Projekten zuzurechnen.

C. Arten unternehmerischer Entscheidung

Die Frage nach den Arten unternehmerischer Entscheidungen erwächst nicht aus dem Bedürfnis nach Systematik. Die Überlegungen
sollen vielmehr ein tieferes Eindringen in das Wesen der unternehmerischen Entscheidung ermöglichen, indem man sich mit ihren
verschiedenen Erscheinungsformen auseinandersetzt.

I. Strukturbestimmende und ablaufbestimmende Entscheidungen

Strukturbestimmende Entscheidungen sind bei der Gründung des Unternehmens zu fällen und betreffen das Produktions- oder Leistungsprogramm, die Gestaltung des technischen Produktionsapparates, der Absatzorganisation und der finanziellen Struktur. Aber auch spätere Änderungen der Unternehmensstruktur gehören hierhin, etwa eine Erweiterung oder Einschränkung des Produktionsprogramms, Wahl neuer Absatzwege oder eine Änderung der Rechtsform und der Finanzstruktur. Derartige Entscheidungen sind vielfach verknüpft mit Investitionen, die eine langfristige Bindung verursachen und nur mit Verlusten rückgängig gemacht werden können. Die Entscheidungen tragen einmaligen Charakter und sind mit hohem Risiko verbunden und insofern eindeutig unternehmerischer Art.

Ablaufbestimmende Entscheidungen sind z. B. generelle Regelungen für Arbeiten, die sich laufend wiederholen. Sie schaffen den Rahmen, innerhalb dessen die ausführenden Arbeitskräfte sich bewegen können. Es gehören dazu auch Entscheidungen einmaliger Art, z. B. über Lieferantenwechsel - mit Auswirkungen auf die Qualität der Werkstoffe und die Produktionsmethoden - über Einstellung von Gastarbeitern, über vereinzelte Abweichungen von generellen Regelungen. Die ablaufbestimmenden Entscheidungen sind Ausdruck der Unternehmenspolitik; da sie den Verlauf des Geschäftes maßgeblich bestimmen, gehören sie ebenfalls zu den unternehmerischen Entscheidungen.

Beide Arten von Entscheidungen gehen teilweise ineinander über. Ablaufbestimmende Entscheidungen bewirken in ihrer Gesamtheit vielfach eine allmähliche Änderung der Unternehmensstruktur; so führt die verstärkte Einstellung von Frauen schließlich zu einer Änderung der Personalstruktur.

II. Initiativentscheidungen und Anpassungsentscheidungen

Initiativentscheidungen sind unternehmerische Entscheidungen im Sinne der Schumpterschen Innovationsfunktion. Es geht um neue Produkte, neue Märkte, neue Absatzwege und neue Produktionsmethoden. Bei den Anpassungsentscheidungen liegt eine Anpassung an veränderte Marktverhältnisse vor, etwa die Reaktion auf preispolitische Maßnahmen eines Konkurrenten. Der Anstoß kommt also von außen her. Anpassungsentscheidungen sind viel häufiger als Initiativentschei-

dungen. Auch sie sind unternehmerische Entscheidungen, da sie in
jedem Falle Alternativmöglichkeiten bieten und mit Risiko verbunden sind. Nur wenn die Entscheidung von außen her aufgezwungen
wird, etwa durch gesetzliche Vorschriften und Alternativmöglichkeiten nicht bestehen, liegt im Grunde eine Ausführungsentscheidung
vor, auch wenn sie von der Unternehmensleitung gefällt wird.

III. Delegierbare und nicht delegierbare Entscheidungen

Delegation im Sinne der Organisationslehre ist die Abgabe von Entscheidungsgewalt an untere Stellen in der Unternehmenshierarchie.
Dabei ist zu unterscheiden zwischen formaler und materieller Delegation. Formaler Art ist eine Delegation, bei der infolge eng ge-
zogener Regelungen den Beauftragten nur ein eng begrenzter Handlungsspielraum verbleibt. Von materieller Delegation kann man nur
dann sprechen, wenn der Beauftragte eine tatsächliche Wahlmöglichkeit und Entscheidungsfreiheit erhält.

Hier interessiert die Frage, wie weit unternehmerische Entscheidungen delegierbar sind. Die Delegation von Entscheidungsgewalt ergibt sich zwangsläufig aus der Arbeitsteilung und der Heranziehung
von Spezialisten. Spezialisten sollen nach ihrem Sachverstand entscheiden, das setzt eine Prüfung der Sachlage und demgemäß Entscheidungsfreiheit voraus. Diese Entscheidungsfreiheit ist in der
Regel um so größer, je höher der Spezialist in der Hierarchie steht.
Eine Arbeitsteilung, die bewußt an die menschlichen Qualitäten der
Mitarbeiter (Denkvermögen und Fähigkeit, Verantwortung zu tragen)
anknüpft, führt zwangsläufig zu einer materiellen Delegation der
Entscheidungsgewalt. Die Unternehmensspitze verfügt vielfach nicht
über die Informationen, die notwendig sind, um jeweils die optimale Entscheidung fällen zu können. Der Sachbearbeiter, der die Verhältnisse seines Arbeitsbereiches aus unmittelbarer Beobachtung
kennt, ist dazu eher in der Lage, und das spricht in der Regel für
ein hohes Maß von materieller Delegation. Diese Delegation betrifft
allerdings praktisch nur die ablaufbestimmenden Entscheidungen.
Dann wären also strukturbestimmende Entscheidungen nicht delegierbar. Das ist zutreffend für alle strukturbestimmenden Entscheidungen, die einmaligen Charakter tragen. Der allmähliche Strukturwan-
del als Folge einer bestimmten Geschäftspolitik kann aber auch durch
ablaufbestimmende Entscheidungen herbeigeführt werden, die durch
Delegation auf Mitarbeiter in den mittleren und unteren Rängen der
Organisation übertragen wurden.

IV. Einzel- und Gruppenentscheidungen

Unternehmerische Entscheidungen sind ihrem Wesen nach mit Risiko verbunden. Damit hängt zusammen die Frage nach der Verantwortung. Sie ist eindeutig bei Einzelentscheidungen zu beantworten. Bei Gruppenentscheidungen verteilt sich die Verantwortung und läßt sich leichter abwälzen. Außerdem erfordern Gruppenentscheidungen in der Regel mehr Zeit. Aus dieser Situation erklärt sich die vielfach zu beobachtende Präferenz für Einzelentscheidungen. In der modernen Wirtschaft und Gesellschaft setzt sich aber immer mehr die entgegengesetzte Tendenz durch. Der Vorstand der Aktiengesellschaft ist nach dem deutschen Aktienrecht bei strukturbestimmenden Entscheidungen an die Zustimmung des Aufsichtsrates gebunden; das Verlangen nach Mitbestimmung der Belegschaft bei derartigen Entscheidungen ist ebenfalls in diesem Rahmen zu sehen. Bei den japanischen Unternehmungen ist die Gruppenentscheidung sogar die Regel, ohne daß dadurch das Wachstum dieser Unternehmen beeinträchtigt worden ist. Man kann allgemein sagen, daß Gruppenentscheidungen notwendig sind bei allen strukturbestimmenden Entscheidungen einmaliger Art: hier braucht man den Sachverstand und das Verantwortungsbewußtsein einer Gruppe. Außerdem steht man bei diesen Entscheidungen in der Regel nicht unter Zeitdruck. Bei ablaufbestimmenden Entscheidungen und bei Ausführungsentscheidungen ist die Verantwortung im allgemeinen geringer; außerdem ist hier vielfach ein schnelles Reagieren wichtig. Aus diesen Gründen wird man in solchen Fällen Einzelentscheidungen bevorzugen.

D. Die Bedeutung des Computers für unternehmerische Entscheidungen

Das Thema der Tagung lautete "Computergestützte Entscheidungen in Unternehmungen". Die Bedeutung des Computers für programmierbare Entscheidungen in der Unternehmung ist unumstritten. Welche Bedeutung hat er aber für die unternehmerischen Entscheidungen in dem von uns dargestellten Sinne? Hier gibt es zwei extreme Standpunkte. Im ersten Falle wird der Computer überschätzt. Man geht von der Vorstellung aus, der Unternehmer mit all seinen menschlichen Schwächen und Unzulänglichkeiten könne durch den Computer ersetzt werden, zum mindesten durch den Technokraten, der mit Hilfe des Computers das Unternehmensgeschehen bis in alle Einzelheiten lenkt, also mit völliger Zentralisation der Entscheidungsgewalt. Im zweiten Falle wird dem Computer für die unternehmerischen Entscheidungen eine nur geringe Bedeutung zugemessen. Er könne zwar gewisse technische Hilfen leisten, etwa den Informationsfluß verbessern und beschleunigen; ausschlaggebend sei aber das Fingerspitzengefühl, der unternehmerische Mut und die Risikobereitschaft des echten Unternehmers.

Es besteht darüber Einigkeit, daß die beiden extremen Auffassungen falsch sind. Wie ist aber die Wirklichkeit? Man kann natürlich sagen, die Wahrheit liege in der Mitte. Aber diese Mitte ist ein weites Feld. Wo liegt die Bedeutung des Computers für unternehmerische Entscheidungen in der Gegenwart und noch mehr in der Zukunft? Eine Beantwortung dieser Frage soll durch Erfahrungsberichte aus der Praxis in der vorliegenden Form erleichtert werden.

Voraussetzung für die Gestaltung computer-gestützter Entscheidungssysteme

— Plenumsreferat [1] —

Von

Dr. rer. nat. P. Schmitz

Privatdozent an der Universität
zu Köln

[1] Dieser Beitrag wurde bereits veröffentlicht in: elektronische datenverarbeitung, 12. Jg. 1970, Heft 9, S. 401—405.

Inhalt

A. Zum Begriff des computer-gestützten Entscheidungssystems

Ein Entscheidungssystem ist ein System von Datenverarbeitungsaufgaben, die der Vorbereitung einer Entscheidung dienen bzw. bei vollständig formalisierten, d. h. programmierten Entscheidungen eine optimale Lösung automatisch auszuwählen gestatten. Im Sinne von Kosiol handelt es sich im ersten Fall um Ermittlungsmodelle (1), bei denen der Mensch auf der Grundlage der aus dem Modell erstellten Ergebnisse eine Entscheidung trifft, im zweiten Fall um Optimalmodelle, bei denen eine Zielforderung - die Optimalforderung - explizit im Modell vorgegeben ist und damit formal die Auswahl der optimalen oder einer optimalen Entscheidung von der automatischen Datenverarbeitungsanlage selbst getroffen wird.

Die Abwicklung einer Einzelaufgabe im Rahmen eines computergestützten Entscheidungssystems vollzieht sich in den folgenden drei Phasen:

1. Zusammenstellung der Daten für die betreffende Aufgabe (Retrieval)

2. Algorithmischer Teil

3. Aufbereitung der Ergebnisse aus dem algorithmischen Teil.

Früher wurde, und teilweise wird auch heute noch, die Lösung einer solchen Aufgabe lediglich als ein algorithmisches Problem angesehen, d. h. die Phase der Zusammenstellung der Daten und die Phase der Aufbereitung der Ergebnisse wurde außer Acht gelassen. Für eine Vielzahl von Modelltypen sind inzwischen ausgefeilte und sehr wirksame Algorithmen für diese zweite Phase entwickelt und programmiert worden und stehen dem Anwender in Form von Standardprogrammen des Herstellers oder von Softwareunternehmungen zur Verfügung. Die Zusammenstellung der Daten und die Ergebnisaufbereitung ist in einem solchen Fall vom Anwender selbst in allen Einzelheiten zu programmieren. Es ist jedoch festzustellen, daß auch die erste und die letzte Phase einer Aufgabe in einem computergestützten Entscheidungssystem selbst wieder Datenverarbeitungsaufgaben sind, deren Umfang und damit auch deren Aufwand zur Implementierung - sowohl in organisatorischer als auch in programmierungstechnischer Hinsicht - und für den Aufwand zum praktischen Ablauf oft weit über den des zweiten, des algorithmischen Teils, hinausgeht.

---

1) E. Kosiol: "Modellanalyse als Grundlage unternehmerischer Entscheidungen". Zeitschrift für handelswissenschaftliche Forschung, 13, 1961, S. 319.

Die verschiedenen Aufgabenstellungen, die hier in Betracht kommen, können charakterisiert werden durch ihre Komplexität in den drei Phasen.

Zunächst zur ersten Phase, der Zusammenstellung der Daten: Die Komplexität dieser Teilaufgabe ist gekennzeichnet durch die Anzahl der Dateien aus den verschiedenen Subsystemen des automatisierten Datenverarbeitungssystems der Unternehmung. Im einfachsten Fall werden Daten nur aus einem einzigen Subsystem - entsprechend einem Unternehmungs- oder Unternehmungsteilbereich - benötigt; (Beispiel: Für eine kurzfristige Verkaufsvorhersage werden lediglich Daten aus dem Absatzbereich herangezogen). Der größte Grad an Komplexität innerhalb dieser Phase ist gegeben, wenn alle Unternehmungsbereiche für eine einzige Entscheidungsaufgabe angesprochen werden können; solche Systeme bezeichnet man als Management-Informations-Systeme.

Zur Komplexität des algorithmischen Teiles: Der einfachste Fall ist ein reines Auskunftssystem, bei dem die gesamte Aufgabe im wesentlichen aus der Zusammenstellung der Daten und der Aufbereitung dieser Daten für den Entscheidungsträger besteht. Die zweite Phase - der algorithmische Teil - schrumpft dabei praktisch auf Null zusammen. Komplexe Algorithmen repräsentieren meist umfangreiche mathematische Probleme, etwa Modelle der linearen Programmierung, der dynamischen Programmierung oder Modelle für stochastische Prozesse.

Bezüglich des dritten Teiles - der Aufbereitung der Ergebnisse - liegt der einfachste Fall vor, wenn die Ergebnisse aus dem algorithmischen Teil in Form einer Liste dargeboten werden. Eine solche Ausgabeform ist jedoch bei den heutigen Ansprüchen nicht mehr ausreichend. Man erwartet heute, daß die Ergebnisse der Modellrechnung mit Hilfe eines Reporting-Systems entsprechend den Bedürfnissen der Informationsempfänger selektiert, verdichtet und geeignet dargestellt werden; beispielsweise sind die Ergebnisse für das Modell eines Projektplanes, der mit Hilfe der Netzplantechnik bearbeitet wurde, für die einzelnen Unternehmungsbereiche, die beteiligt sind, zu selektieren und gegebenenfalls als Balkendiagramme darzustellen und nicht einfach als eine Liste der kritischen Tätigkeiten auszugeben.

Der Aufwand zur Implementierung einer Aufgabe innerhalb eines computergestützten Entscheidungssystems, ebenso wie der Zeitaufwand zur Abwicklung einer solchen Aufgabe auf einer automatischen Datenverarbeitungsanlage, entspricht einer bestimmten prozentualen Verteilung bezüglich der drei Phasen. Für ein komplexes Auskunftssystem, bei dem eine Vielzahl von Dateien als Basis angesprochen wird, konzentriert sich der Ablauf im wesentlichen auf die Phasen der Datenzusammenstellung und der Ergebnisaufbereitung, während der algorithmische Teil ganz zusammenschrumpft. Bei der Teilaufgabe Maschinenbelegung aus dem Bereich der Fertigungssteuerung macht der algorithmische Teil den wesentlichen Teil aus, wogegen die erste und die dritte Phase nur einen geringen Umfang haben. Eine Produktionsprogrammplanungsaufgabe kann zu einem für alle Phasen gleich großen Aufwand führen.

B. Voraussetzungen zur Gestaltung und zur Abwicklung einer Aufgabe innerhalb eines computer-gestützten Entscheidungssystems

Betrachtet werden hier die Voraussetzungen, die an die Hardware, an die Software und an die Aufgabenträger für die Implementierung solcher Aufgaben zu stellen sind. Andere Fragen, wie etwa die Mitwirkung der Unternehmungsleitung bei der Gestaltung solcher Systeme, die Schulung der an dem Entscheidungsprozeß Beteiligten usw., die sicher von sehr großer Bedeutung sind, werden hier nicht angesprochen.

Zunächst noch eine allgemeine Voraussetzung, die auf alle Aufgabenstellungen, die hier zu diskutieren sind, zutrifft und die im wesentlichen mit der Umgebung der Aufgabe zu tun hat: Nachdem innerhalb eines Entscheidungssystems eine spezielle Aufgabenstellung - für einen bestimmten Entscheidungsprozeß - definiert und nachdem der Ablauf initialisiert worden ist, sollte der gesamte Prozeß zur Lösung dieser Teilaufgabe in allen drei Phasen - Zusammenstellung der Daten, algorithmischer Teil und Aufbereitung der Ergebnisse - voll automatisch abgewickelt werden. Das bedeutet im Hinblick auf die Datenzusammenstellung, daß alle Aufgaben, die Daten zu dieser Teilaufgabe des Entscheidungsprozesses liefern - dabei handelt es sich in erster Linie um die Aufgaben der operationellen Unternehmungsebene -, ebenfalls automatisiert sein müssen. Außerdem werden die Entscheidungen, die auf der Grundlage der Ergebnisse einer der hier in Betracht kommenden Aufgaben getroffen werden, normalerweise als Steuerinformationen wieder in das automatisierte Datenverarbeitungssystem der Unternehmung einfließen. Ein computer-gestütztes Entscheidungssystem muß also eingebettet sein in den Gesamtprozeß der Datenverarbeitungsaufgaben der Unternehmung, und es muß dieses Gesamtsystem ausgerichtet sein auf die Belange des Entscheidungssystems.

Die Entwicklung der automatisierten Datenverarbeitung im Hinblick auf die Anwendung hat sich bekanntlich so vollzogen, daß zunächst einmal die Abrechnungsaufgaben für Teilbereiche der Unternehmung automatisiert wurden; diese Tatsache steht den Erfordernissen eines computergestützten Entscheidungssystems vielfach entgegen, weil bei der Implementierung der Abrechnungsaufgaben der operationellen Ebene die Belange der höheren Ebenen nicht berücksichtigt wurden insofern, als Daten für Entscheidungsprozesse nicht einbezogen wurden, als Schlüsselsysteme nicht vereinheitlicht wurden usw. Es ist daher in diesen Fällen notwendig, das gesamte Datenverarbeitungssystem der Unternehmung neu zu konzipieren und auszurichten auf die Belange des Entscheidungssystems.

I. Die Hardware - Voraussetzungen

Hier sowie bei den Software-Voraussetzungen werden nur die Voraussetzungen für die Implementierung einer bereits definierten Aufgabe untersucht, d. h. die Voraussetzungen zum Einsatz einer automatischen Datenverarbeitungsanlage für die Problemfindung und Problemlösung werden nicht betrachtet.

Einleitend sei festgestellt, daß die heute zur Verfügung stehenden automatischen Datenverarbeitungsanlagen praktisch alle Voraussetzungen erfüllen, die zur Bearbeitung der hier in Betracht kommenden Aufgaben an die Hardware gestellt werden, wenn man einmal absieht von Forderungen, die in naher Zukunft sowieso noch nicht in breitem Umfang erfüllt werden können (z. B. Speicher, die nicht über Adressen sondern über ihre Inhalte aufgerufen werden). Bei den erfüllten Voraussetzungen handelt es sich - mit unterschiedlichen Gewichten je nach Aufgabe - um die Forderungen schnelle Zentraleinheit, schnelle Massenspeicher und Dialogfähigkeit. Es wird daher hier im wesentlichen etwas darüber ausgeführt, welche Hardware-Aufwendungen erforderlich sind zur Lösung bestimmter Aufgaben. Um objektive Größen zu erhalten, wurden Standardprogramme von Herstellern untersucht, und es wurde festgestellt, welche Anlage und welche Konfiguration erforderlich sind bei bestimmten Modelltypen und Modellgrößen. Die gegebenen Informationen sind nur Beispiele; eine Reihe von Verfahren sind außer Acht gelassen worden, da die Hardwareanforderungen bei den einzelnen Herstellern zu stark streuen und da weiterhin nicht einheitliche Verfahren verwendet werden; dies trifft etwa zu auf die Prognoserechnung, Fertigungssteuerung, Transportaufgaben.

Für Projektplanungsaufgaben, die mit Hilfe einer Netzplantechnik bearbeitet werden, benötigt man für Projekte bis zu etwa 1 000 Aktivitäten eine Anlage mit etwa DM 30 000, -- Monatsmiete. Wenn die

Aufgabenstellung komplexer ist, wenn etwa Kapazitätsüberlegungen einbezogen sind oder wenn Kostengesichtspunkte zu berücksichtigen sind, dann erfordert dies im allgemeinen noch wesentlich größere Anlagen.

Der Einsatz von Simulationssprachen für stochastische Prozesse erfordert bereits bei kleinen Systemen Anlagen von mindestens DM 35 000, -- Monatsmiete. Bei verschiedenen Anwendern sind für praktische Aufgabenstellungen selbst Anlagen mit Monatsmieten von über DM 200 000, -- nicht mehr ausreichend.

Die Durchrechnung von Linear-Programming-Aufgaben von bis zu 1 000 Restriktionen und einer entsprechenden Anzahl von Variablen macht Anlagen mit Monatsmieten von über DM 100 000, -- erforderlich.

Die Implementierung eines Management-Informations-System erfordert bei einem Hersteller eine Anlagenausstattung, für die monatlich DM 70 000, -- aufgewendet werden müssen und vermutlich wird eine solche Größenordnung nur kleinere relativ zeitaufwendige MIS-Systeme möglich machen.

In der Praxis werden selbstverständlich vielfach mit den angegebenen Konfigurationen auch größere Modelle bearbeitet, wenn diese Modelle vom Anwender insgesamt selbst programmiert wurden und dabei auf die speziellen Belange des jeweiligen Modells Rücksicht genommen wurde.

Die dargestellten Anforderungen sind per definitione abhängig von der Modellgröße der jeweiligen Entscheidungsaufgabe. Sie sind jedoch unabhängig von der Unternehmungsgröße, und das bedeutet, daß für kleine Unternehmungen, deren Probleme in vielen Fällen zu denselben Modellgrößen führen wie bei größeren Unternehmungen - im Gegensatz zu den Abrechnungsaufgaben, die Massenprobleme sind - die alleinige Nutzung einer Anlage für die Aufgaben der Entscheidungsvorbereitung und Entscheidungsfindung kaum wirtschaftlich sein dürfen; d. h. , daß eine kleinere Unternehmung zu überlegen hätte, ob sie sich für Aufgaben dieser Art an eine fremde Anlage als Mitbenutzer anschließt oder diese Arbeiten in einem Lohnarbeitsbetrieb durchführen läßt.

II. Die Software - Voraussetzungen

Im Gegensatz zur Hardware sind bezüglich der Software noch keineswegs alle Voraussetzungen zur Gestaltung wirksamer computergestützter Entscheidungssysteme gegeben.

Sofern eine Unternehmung zur Entwicklung eines computer-gestützten Entscheidungssystems nicht auf vorhandene Standardprogramme des Herstellers oder von Softwareunternehmungen zurückgreifen will, benötigt sie lediglich wirkungsvolle allgemeine Programmiersprachen, die mit ALGOL, FORTRAN, COBOL für praktisch alle automatischen Datenverarbeitungsanlagen in einer inzwischen ausgereiften Form zur Verfügung stehen.

Ein solches Verfahren - das komplette Entscheidungssystem selbst zu programmieren - ist aber im allgemeinen unwirtschaftlich, ähnlich wie es unwirtschaftlich wäre, für die übrigen Aufgaben der automatisierten Datenverarbeitung auf Programmierhilfen für Ein-/Ausgabe-Operationen, für Sortierprobleme usw. zu verzichten. Der Aufwand hierfür ist nämlich - abgesehen von einigen wenigen Algorithmen (z. B. einfache Netzplanmodelle, einfache Transportaufgaben, einfache Simulationsalgorithmen) - viel zu groß; z. B. erfordert die Programmierung des Algorithmus für ein Linear-Programming-System unter Umständen mehrere Mannjahre, die Programmierung des Datei-Handling für ein komplexes Management-Informations-System wahrscheinlich einen Aufwand von mehreren 100 Mannjahren.

Auf der anderen Seite sind die Lösungswege für eine Vielzahl von Aufgabenstellungen dieses Problemkreises in Teilen standardisierbar, so daß die Benutzung von Standard-Software für diese Zwecke erfolgversprechend zu sein scheint. Tatsächlich werden auch für praktisch alle automatischen Datenverarbeitungsanlagen und für einen großen Teil von Aufgabenstellungen Lösungen in Form von Standardprogrammen zur Verfügung gestellt.

Bei einfachen Aufgaben aus dem Bereich der Entscheidungsvorbereitung werden diese Standardprogramme offenbar mit Erfolg eingesetzt. Wenn es jedoch um komplexere Systeme geht, dann stößt man vielfach auf Schwierigkeiten, die den Einsatz solcher Softwarehilfen infrage stellen. Die Beseitigung dieser Schwierigkeiten ist eine Voraussetzung für die Gestaltung wirtschaftlicher computer-gestützter Entscheidungssysteme.

Insgesamt lassen sich die Software-Schwierigkeiten so zusammenfassen: Die heute zur Verfügung stehenden Standardprogramme sind im allgemeinen zu wenig benutzerfreundlich. Im einzelnen heißt das folgendes:

. Bei den meisten Standardverfahren wird lediglich der algorithmische Teil berücksichtigt. Die meist wesentlich umfangreicheren Teilaufgaben der Zusammenstellung der Daten und der Aufbereitung der Ergebnisse müssen vom Anwender selbst programmiert werden. Beispielsweise verlangen viele Linear-Programming-Programme, daß der Benutzer die Ausgangsdaten - die Prozeßmatrix mit allen anderen erforderlichen Größen - in Listen aufbereitet und dem System zur Verfügung stellt; dem Anwender werden also keine Hilfen dazu gegeben, um aus dem Komplex der beteiligten Dateien die betreffenden Daten herauszuholen; die Ergebnisse der Modellrechnung sind ebenfalls wieder nur Listen. Das gleiche trifft zu auf sehr viele standardmäßig zur Verfügung stehende Programme der Netzplantechnik. Offenbar wird dabei die Auffassung vertreten, daß die Phasen der Datenzusammenstellung und der Aufbereitung der Ergebnisse sehr viel stärker unternehmungsspezifische Elemente, die einer Standardisierung nicht zugänglich sind, enthalten. Dies trifft jedoch nur bedingt zu, und inzwischen bieten eine Reihe von Herstellern zunehmend auch hier wesentliche Hilfen an. Beispiele hierfür sind Programme, die die Elemente der Prozeßmatrix für ein LP-Programm verändern, eliminieren, ersetzen usw. sowie Reporting-Systeme für LP-Aufgaben, bei denen die Ergebnisse nach den verschiedensten Gesichtspunkten verdichtet und zusammengestellt werden können. Ein anderes Beispiel sind die inzwischen vorliegenden, teilweise sehr komfortablen Reporting-Systeme für die Ergebnisse der Durchrechnung von Netzplanmodellen.

. Die Standardprogramm-Komplexe sind vielfach nicht modular aufgebaut und können infolgedessen auch nicht den speziellen Anwendungsbedürfnissen angepaßt werden. Das bedeutet, daß nicht benötigte Programmteile zum Ablauf kommen und unnötig Maschinenzeit und Speicherplatz in Anspruch nehmen. Außerdem ist es in vielen Fällen nicht möglich, eine Anpassung bezüglich der Größe des Modells vorzunehmen; beispielsweise läßt eine Simulationssprache bei einer gegebenen Konfiguration nur eine bestimmte Anzahl von Transaktionen, eine bestimmte Anzahl von Blöcken, eine bestimmte Anzahl von Speichern usw. zu; bei vielen praktischen Aufgabenstellungen ist es aber so, daß die eine Anzahl von Elementen ausreichend ist, die andere dagegen nicht, und man möchte die Möglichkeit haben, das System insgesamt den speziellen Bedürfnissen der Aufgabe, insbesondere also der Modellgröße, anzupassen.

. Es ist häufig nicht möglich, innerhalb eines Standardprogrammsystems benutzereigene Unterprogramme einzubauen. Individuelle Eingriffe sind aber bei sehr vielen Datenverarbeitungsanlagen notwendig, wenn etwa das Standardsystem zu schwerfällig ist im Hinblick auf gewisse Gesichtspunkte oder wenn bestimmte Prozeduren standardmäßig überhaupt nicht berücksichtigt werden können.

. Die Standardprogramm-Systeme für Entscheidungsmodelle werden nicht von allen Betriebssystemen, die für die betreffende Anlage zur Verfügung stehen, unterstützt. Das bedeutet unter Umständen, daß verschiedene Betriebssysteme für die verschiedenen Aufgabenkomplexe gefahren werden müssen. Damit wird die Wirtschaftlichkeit der automatischen Datenverarbeitungsanlage infrage gestellt insofern, als unnötig Rüstzeiten entstehen für den Wechsel der Betriebssysteme, unnötige Zeiten für die Pflege der Betriebssysteme und insofern, als dadurch u. U. ein Mehrprogrammbetrieb ausgeschlossen wird.

. Der Einsatz automatischer Datenverarbeitungsanlagen hat bereits sehr früh zu der Erkenntnis geführt, daß damit eine starke Abhängigkeit des Anwenders vom eingesetzten Hardwaresystem und damit auch vom Anlagenhersteller gegeben sein kann. Es wurde daher bereits in der zweiten Generation der automatisierten Datenverarbeitung - vor jetzt über 10 Jahren - problemorientierte maschinenunabhängige Programmiersprachen entwickelt, deren wichtigste Vertreter die Sprachen FORTRAN, ALGOL und COBOL inzwischen von allen entscheidenden internationalen Normungsinstitutionen anerkannt sind, und die heute für einen großen Teil von Anwendern zur Selbstverständlichkeit geworden sind, wenngleich damit das erstrebte Primärziel - die Kompatibilität der erstellten Programme - auch noch nicht hundertprozentig gewährleistet ist. Immerhin wurde aber mit diesen Sprachen erreicht, daß sich bei ihrer Verwendung der Übergang von einem automatisierten Datenverarbeitungssystem auf ein anderes wesentlich einfacher vollzieht, als dies ohne Verwendung dieser Sprachen der Fall ist.

Im Hinblick auf computer-gestützte Entscheidungssysteme ist nun festzustellen, daß die Implementierung solcher Komplexe einen wesentlich größeren Einfluß auf die Unternehmung ausübt, als dies bei den Datenverarbeitungsaufgaben der operationellen Ebene der Fall ist insofern, als durch ein computergestütztes Entscheidungssystem alle Unternehmungsbereiche in allen Ebenen erfaßt werden. Die Abhängigkeit von einem bestimmten automatisierten Datenverarbeitungssystem wird damit ebenfalls sehr viel stärker, wenn nicht die speziellen Sprachen, die dem Anwender in den entsprechenden Standardprogramm-Systemen zur Verfügung stehen, genormt und offiziell anerkannt werden. Bei nur einigen wenigen Standardkomplexen ist es inzwischen zu einer stillschweigenden Normung gekommen, z. B. bei den Eingabeformaten für Linear-Programming-Systeme (SHARE-Format), die

von vielen Herstellern in gleicher Weise festgelegt werden. Bei
den meisten hier infrage kommenden Komplexen ist eine Normung
jedoch nicht gegeben; dies trifft insbesondere auch auf Sprachen
für Management-Informations-Systeme und für die zugrunde liegenden Datenbanken zu.

III. Personelle Voraussetzungen

Computer-gestützte Entscheidungssysteme können nur in Team-
Arbeit von höchst qualifizierten Fachkräften entwickelt werden, von
Fachkräften, die über umfangreiche und breite Erfahrungen in der Organisation der betreffenden Unternehmung verfügen, anderen mit umfangreichen Kenntnissen in der automatisierten Datenverarbeitung
und solchen mit hinreichenden Erfahrungen in der Anwendung moder-
ner mathematischer Methoden.

Abgesehen von einigen wenigen Aufgabenstellungen (z. B. Algorithmen für einfache Netzplanmodelle) erfordert die Implementierung eines computer-gestützten Entscheidungssystems einen Aufwand von
vielen Jahren. Beispielsweise wird man mehrere Jahre ansetzen
müssen für die Entwicklung eines Modells für die Produktionsplanung
einer Unternehmung. Den Zeitaufwand zur Implementierung eines
komplexen Management-Informations-Systems gibt Lutz (1) mit etwa
5 Jahren an, wobei über die Anzahl der eingesetzten Mitarbeiter
nichts gesagt wird; Erfahrungen über diesen Aufwand liegen noch
nicht vor, man kann aber sicher damit rechnen, daß hierzu ein Team
von sehr vielen Mitarbeitern notwendig ist.

Eine Untersuchung der Deutschen Revision und Treuhand AG, die im
Sommer 1969 im Auftrag des Bundesministeriums für wissenschaftliche Forschung durchgeführt wurde, hat bezüglich der Anzahl der in
Deutschland bis zum Jahre 1975 in der Wirtschaft installierten automatischen Datenverarbeitungsanlagen eine Gesamtsumme von 7770
ergeben (hierin sind keine Prozeßrechner enthalten und außerdem
ist der Universitätsbereich und der Behördenbereich nicht enthalten)
(2). In dieser Anzahl sind allein über 2200 Anlagen der Größenordnung System IBM/360 Modell 40 oder größer enthalten, einer Anla-
gengröße, die nach den bisherigen Erfahrungen mindestens vorhanden sein muß für die Implementierung komplexer computer-gestützter
Entscheidungssysteme.

1) Th. Lutz u. a. : "Management-Informations-Systems". IBM-Nach-
   richten 18/19 (1968/69, Hefte 191 bis 193).
2) Deutsche Revision und Treuhand AG, Treuarbeit: Bericht über
   eine Bedarfsanalyse über die Entwicklung fortgeschrittener An-
   wendersoftware, Herbst 1968.

Aus diesem Zuwachs ergibt sich ein entsprechender Mehrbedarf an qualifizierten Fachkräften. Verschiedene Untersuchungen schätzen diesen Bedarf auf 6000 bis 8000 zusätzliche Fachkräfte der gehobenen und mittleren Ebene pro Jahr (1). Mindestens 70 - 80 % dieser Fachkräfte wären für die Konzeption und Implementierung komplexer Anwendungssysteme einzusetzen.

Sind nun in Deutschland die Voraussetzungen zur Heranbildung dieser Fachkräfte gegeben, d. h. können wir in den nächsten Jahren mit einem Zuwachs an Fachkräften in dieser Größenordnung rechnen?

Mit Unterstützung der Bundesregierung wird zur Zeit an einer Reihe von wissenschaftlichen Hochschulen in Deutschland ein Studiengang "Informatik" eingerichtet. Es wird davon ausgegangen, daß nach einer gewissen Anlaufzeit jährlich etwa 2000 Absolventen dieses Studienganges die Universitäten und wissenschaftlichen Hochschulen verlassen. Dies wird jedoch sicher nicht vor Ende der 70er Jahre der Fall sein, so daß der erforderliche Bedarf aus diesem Kreis von Fachleuten nicht gedeckt werden kann. Außerdem ist festzustellen, daß in den bis jetzt vorliegenden Studienmodellen für diesen Studiengang dem Gesichtspunkt der Anwendung, vor allem in der Betriebswirtschaft, zu wenig Rechnung getragen wird (2). Vielmehr sind die vorliegenden Modelle stärker ausgerichtet auf die Entwicklung von Hardware- und Software-Systemen, wofür ebenso ein großer Fachkräftebedarf vorhanden ist, der aber wesentlich unter dem für die Anwendungssysteme liegt.

Im Bereich der Fachhochschulen - den jetzigen Ingenieur- und Höheren Wirtschaftsfachschulen - sind ebenfalls Bemühungen im Gange, spezielle Studienrichtungen "Informatik" einzurichten. So soll in Dortmund im Herbst 1970 eine solche Fachrichtung installiert werden. Aber auch hier gilt bezüglich der Kapazität das gleiche wie bei den wissenschaftlichen Hochschulen: der hohe Bedarf an qualifizierten Fachkräften kann auch in dieser Ebene kurzfristig nicht gedeckt werden.

---

1) Siehe z. B. "Informatik - Ausbildungsmodelle auf dem Gebiet der Datenverarbeitung -"; vorgelegt von der IBM Deutschland GmbH Sindelfingen (Württ.), April 1970.
2) Siehe z. B. E. Grochla: Betriebsinformatik und Wirtschaftsinformatik als notwendige anwendungsbezogene Ergänzung einer allgemeinen "Informatik", Elektronische Datenverarbeitung 11/69, S. 544 - 548.

C. Zusammenfassung

Abschließend seien noch einmal die Voraussetzungen, die im Hinblick auf die Implementierung eines computer-gestützten Entscheidungssystems zu treffen sind, zusammengefaßt:

. Das Entscheidungssystem ist eingebettet in das gesamte automatisierte Datenverarbeitungssystem einer Unternehmung, und es ist dieses Gesamtsystem auf die Bedürfnisse eines computergestützten Entscheidungssystems ausgerichtet.

. Bezüglich der Hardware ist festgestellt worden, daß die heute auf dem Markt befindlichen Anlagen die entsprechenden Voraussetzungen erfüllen. Die Hardware-Investitionen für computer-gestützte Entscheidungssysteme sind groß und gehen meist weit über die Investitionen für Anlagen, die für die Datenverarbeitungsaufgaben der operationellen Ebene eingesetzt werden, hinaus.

. Im Hinblick auf die Software sind bezüglich der zur Verfügung stehenden Standardprogrammsysteme noch erhebliche Schwierigkeiten vorhanden. Um wirtschaftliche computer-gestützte Entscheidungssysteme gestalten zu können, ist zu fordern, daß diese Schwierigkeiten behoben werden. Das bedeutet, daß die entsprechenden Programmsysteme stärker auf die Belange der Anwendung Rücksicht nehmen; im einzelnen heißt das:

- Softwarehilfen auch für die Phasen der Datenzusammenstellung und Ergebnisaufbereitung.

- Modularer Aufbau der Standardprogramm-Systeme.

- Möglichkeit des Einbaus von benutzereigenen Unterprogrammen.

- Unterstützung der Standardsysteme durch alle Betriebssysteme.

- Normung der Programmiersprachen für Standardsysteme.

. Bezüglich der personellen Voraussetzungen wurde festgestellt: Die Entwicklung und Implementierung computer-gestützter Entscheidungssysteme erfordert hochqualifizierte Fachkräfte. Der Bedarf an solchen Fachkräften für die nächsten Jahre kann aus den im Rahmen der zur Zeit gegebenen staatlichen schulischen Einrichtungen nicht gedeckt werden. Es ist daher dringend zu fordern, daß die verantwortlichen staatlichen Stellen weitere Anstrengungen zur Beseitigung dieser Lücke machen.

Nur so ist es möglich, das Instrument der automatisierten Datenverarbeitung zu einem wirkungsvollen Hilfsmittel zur Entscheidungsvorbereitung und zur Entscheidungsfindung zu machen.

3*

Vorgehensweise bei der Gestaltung computer-gestützter Entscheidungssysteme

— Plenumsreferat —

Von

Dr. rer. pol. N. Szyperski

o. Professor an der Universität zu Köln
Direktor des Betriebswirtschaftlichen Instituts
für Organisation und Automation
an der Universität zu Köln

Inhalt

A. Abgrenzende Vorbemerkungen

I. Gestaltungsprobleme - ein wissenschaftlich wenig beachtetes Gebiet in der Betriebswirtschaftslehre

Die folgenden Ausführungen sollen einen kurzen Abriß bieten und einen gewissen Überblick über jene Schwerpunkte vermitteln, die bei der Gestaltung computer-gestützter Entscheidungssysteme auftreten.

Die Gestaltung von Entscheidungssystemen hat unter dem prozessualen Aspekt bisher relativ wenig wissenschaftliche Beachtung gefunden. Ohne Übertreibung kann man sagen, daß die Vorgehensweise bei der Gestaltung computer-gestützter Entscheidungssysteme ein wenig durchforstetes Gebiet ist. Die Diskussion um die sogenannten Entscheidungsmodelle, die Informationen über optimale oder zufriedenstellende Systembedingungen liefern können, konzentrieren sich stark auf den Begründungszusammenhang. Dem Entdeckungszusammenhang und seiner systemtechnischen Gestaltung wurde kaum Beachtung geschenkt. Folglich wurde wenig danach gefragt, wie man zweckvoll gestaltete reale Entscheidungssysteme planen, implementieren und betreiben kann. Ohne eine wissenschaftliche Behandlung bleibt die praktische Gestaltung derartiger Systeme aber auf die mehr oder weniger zufälligen Erfahrungen der "Männer an der (System-) Front" angewiesen. Die Forderung nach wissenschaftlicher Durchdringung dieser Gestaltungsprozesse muß daher stärker beachtet und die wissenschaftliche Forschung mit der Systemgestaltung verbunden werden.

Solange Ergebnisse wissenschaftlicher Untersuchungen nicht vorliegen, kann man nur über positive oder negative Erfahrungen des Einzelfalls berichten, oder schwerpunktartig versuchen, der praktischen und wissenschaftlichen Arbeit erste Hilfestellungen zu geben.

II. Abgrenzung von Entscheidungs- und Planungssystemen gegenüber Informationssystemen

Reale Informationssysteme sind auf einen bestimmten Gegenstandsbereich ausgerichtet und produzieren Informationen über diesen Bereich für eine Klasse von Informationsbenutzern. Da es sich um deskriptive Aussagen handelt, kann man diesen Systemtyp auch ge-

nauer "deskriptive Informationssysteme" nennen. Entscheidungs-
und Planungssysteme stellen nicht Informationen über etwas im Sinne
deskriptiver Aussagen bereit, sondern produzieren im allgemeinen
"Urteile bezüglich einer Situation" und im Falle der zukunftsorien-
tierten Entscheidungssysteme (Planungssysteme) "Handlungsziele,
Handlungsrestriktionen, Handlungsregeln und Handlungsanweisungen
für bestimmte Aktionseinheiten". Das Urteil, die Zielsetzung und die
Anweisung müssen begründet werden oder zumindest durch den Entscheidungsträger begründbar sein, die Information dagegen nicht;
sie kann bestenfalls erläutert werden. Das Urteil über etwas ergeht
im Namen eines Entscheidungsträgers oder einer Gruppe solcher
Entscheidungssubjekte. Das wirksame Handlungsziel und die betreffenden Handlungsanweisungen müssen vom jeweiligen kompetenten und
zuständigen Mitarbeiter verantwortlich genehmigt sein. Generell kann
man sagen: Informationssysteme produzieren und vermitteln deskriptive Aussagen, während das Produkt von Entscheidungs- und Planungssystemen normative und präskriptive Aussagen sind.

Informationssysteme dienen Entscheidungs- und Planungssystemen.
Sie sind mit diesen aber nicht identisch, weil ihre Prozesse anderen
Gesetzen und Regeln gehorchen. Informations- und Entscheidungssysteme können sich gegenseitig mit ihren Ergebnissen beliefern;
d. h. daß auch Urteile und Anweisungen (als normativer bzw. prä-
skriptiver Output der Entscheidungs- und Planungssysteme) zum Input oder Gegenstandsbereich deskriptiver Informationssysteme werden können.

III. Zwei Grundrichtungen im Entscheidungsaufbau

In einer groben Unterteilung werden allgemein drei Prozeßebenen unterschieden. Es sind hier die operationale, dispositive und strategische Ebene. Auf jeder dieser Ebenen werden Entscheidungen getroffen, Planungen durchgeführt. Durch Entscheidungen der "höheren
Ebenen" werden die Entscheidungs-Spielräume der darunter liegenden Ebenen eingeengt. So binden strategische Entscheidungen die
dispositiven und operationalen Entscheidungen und so verengen die
dispositiven Entscheidungen den operationalen Entscheidungs-Spiel-
raum. Zwischen diesen einzelnen Entscheidungstypen besteht ein sehr
verflochtenes und oft verwirrendes Netz von Beziehungen, die nur
mit Hilfe hierarchisch gestufter Rückkopplungssysteme transparent
gemacht werden können.

Grundsätzlich kann zwischen zwei Richtungen unterschieden werden,
in die Ergebnisse einzelner Entscheidungsprozesse fließen können,

um zum Input anderer Entscheidungen zu werden: Die Entscheidungs-
ergebnisse bleiben im einen Falle auf der jeweiligen Entscheidungsebene (nacheinandergeschaltete Entscheidungen)und wirken im anderen Falle auf eine andere Entscheidungsebene ein (lenkende und steuernde Entscheidung).

(a) Nacheinandergeschaltete Entscheidungen sind dadurch gekennzeichnet, daß die Ergebnisse vorgelagerter Entscheidungen, zusammen mit anderen deskriptiven Informationen, das informationelle
Material für die weitere entscheidende technische Bearbeitung dar-
stellen. Diese Prozesse schließen Bearbeitungs- und Kontrollschlei-
fen ein. Sie treten auf der operationalen, dispositiven oder strategischen Ebene auf. Vornehmlich auf der operationalen Ebene werden
sie in Arbeitsanweisungen festgelegt, mit Hilfe von Ablaufdiagram-
men beschrieben und durch verzweigte einschichtige Programme ma-
schinentechnisch implementierbar gemacht.

(b) Lenkende und steuernde Entscheidungen dienen demgegenüber dazu, die operationalen Prozesse zu beurteilen sowie Inhalt und Abfolge der operationalen Entscheidungen zu regeln und letztlich ihre Ziele
festzulegen. In diesen dispositiven, strategischen und letztlich un-
ternehmungspolitischen Entscheidungen werden Managementent-
scheidungen sichtbar, durch die unter gegebenen Bedingungen das
Programm der operationalen Prozesse bestimmt wird.

B. Aufgaben und Komponenten von Entscheidungssystemen

I. Problemlösung als Aufgabe von Entscheidungssystemen

Entscheidungssysteme haben die Aufgabe, der Lösung realer Probleme zu dienen, in dem sie

(a) gegebene Situationen beurteilen und durch ihr kompetentes Urteil
den autonomen Handlungssubjekten Anhaltspunkte und Richtungen für
die Problemlösung aufzeigen oder

(b) Pläne für die Lösung realer Probleme bereitstellen.

Probleme entstehen im Spannungsfeld zwischen Zielen, Vorstellungen
und Wünschen eines Subjektes und dem Verhalten der es umgebenden
Realitäten. Informationen und Entscheidungen helfen dem Aktor, seine
Probleme zu lösen. Die Problemlösung kann

(a) durch Anpassung der Ziele und Ansprüche an die realen Bedingungen erfolgen oder

(b) durch anspruchsgerechte Gestaltung der Realität bewirkt werden.

Das Zielbildungs- bzw. Anspruchsverhalten hat eine große Bedeutung für die Konzeption der Entscheidungs- und Planungssysteme. Paßt sich das Handlungssubjekt mit seinem Anspruch an die jeweiligen Bedingungen an, so braucht es kein ausgeprägtes Entscheidungs- und Planungssystem und somit auch kein ausgebautes Informationssystem; denn man ist im Grenzfall "problemlos glücklich". Will man dagegen die Realität an die eigenen Vorstellungen anpassen, so bedarf es nicht nur der Planung zur zielkonformen Gestaltung der Realität (reale Problemlösung), sondern vor allem auch der Entscheidungen im Zielbildungsprozeß. Die Ansprüche und Ziele müssen verwirklicht werden können, d. h. die durch sie hervorgerufenen Probleme müssen real lösbar sein. Nur dann sind realisierbare Pläne formulierbar.

II. Teilaufgaben der realen Problemlösung

Bevor man sich mit der Gestaltung von Entscheidungen näher auseinandersetzen will, ist es notwendig, sich jene Aufgabenkomplexe vor Augen zu führen, die grundsätzlich bei Lösung realer Probleme auftreten. Dabei können die nachfolgenden sechs Gruppen von Teilaufgaben gebildet werden, die man drei Phasen der Problemlösung zuordnen kann:

(a) Kognitive Phase

    (1) Problemwahrnehmen (bei gegebenem Anspruchsniveau oder als Folge einer Änderung des Anspruches)

    (2) Problemerkennen, -identifizieren und strukturieren

(b) Konzeptionale Phase

    (3) Generieren zuverlässiger Lösungsalternativen (Entwurf oder Suche alternativer Lösungsmethoden)

    (4) Lösung des realen Problems auf der Konzeptebene in eine befriedigende Form bringen und wenn möglich optimieren (Suche nach befriedigenden bzw. optimalen Lösungen im Rahmen methodischer Konzeptionen)

(c) Reale Phase

(5) Anweisen (Programmieren) der Vorgehensweise bei der realen Problemlösung

(6) Praktische Lösung des realen Problems.

Die Komplexe und Phasen treten vielfach verzahnt und verflochten auf und erfordern zu ihrer Bewältigung Informationen und Entscheidungen auf jeder einzelnen Stufe und in jeder Phase.

III. Wichtige Komponenten eines Entscheidungssystems

Wenn man Entscheidungs- und Planungssysteme gestalten will, muß man sich über die elementaren Komponenten solcher Systeme Klarheit verschaffen.

Drei fundamentale Gruppen solcher Komponenten seien hier herausgestellt: Das Wissen, die Sprachen und die Aufgabenträger.

(a) Das Wissen läßt sich im Hinblick auf größtmögliche Flexibilität und möglichst geringer Redundanz in die folgenden Bereiche unterteilen:

(1) Faktisches Wissen (Datenbestände bzw. Datenbank)
Wissen über individuelle,
raum-zeitliche Fakten des betrachteten
empirischen Entscheidungsfeldes.

(2) Empirisch-nomologisches Wissen
(Hypothesenbestände bzw. Hypothesenbank)
Wissen über die Gesetzmäßigkeiten im Verhalten oder in der Verhaltensänderung der entscheidungsrelevanten Größen im empirischen Entscheidungsfeld.

Dieses nomologische Wissen wird für Diagnosen, Prognosen und Entwürfe gebraucht. Obwohl es in die jeweiligen Modelle eingeht, sollte es unabhängig von den Modellen verwaltet werden, um erstens den notwendigen Kontakt zur empirischen Forschung sichtbar zu machen und um zweitens die Modelle möglichst unabhängig vom aktuellen nomologischen Wissensstand aufbauen zu können.

(3) Wissen und Verfügung über analytische und heuristische (Formal-) Methoden (Methodenbestände bzw. Methodenbank).
Diese Methoden stehen sowohl zur praktischen Lösung einer Entscheidungsaufgabe, als aber auch zum Modellbau zur Verfügung.

(4) Wissen und Verfügung über Modelle (Modellbestände bzw. Modell-
    bank)

Modelle verknüpfen faktisches, nomologisches (bzw. quasi nomologisches) und methodisches Wissen zur Lösung bestimmter Aufgaben. Sie stellen somit zielgerichtete Aussagesysteme dar, auf
die bestimmte Operationsregeln definiert sind. Modelle können
Teilbereiche oder ganze Organisationen betreffen, auf unterschiedlicher Konkretisierungsstufe stehen und in verschiedener
Anwendungsreife gespeichert werden. Zugeschnitten auf die Gegebenheiten und Anforderungen der einzelnen Unternehmungen
müssen Modelle für die folgenden Teilaufgaben zur Verfügung
stehen:

- . Ermitteln (Erfassen und Aufbereiten)
- . Kontrollieren
- . Diagnostizieren
- . Prognostizieren
- . Alternativen entwerfen und suchen
- . Werten und
- . Auswählen (im Grenzfall optimieren)

Dabei muß deutlich gemacht werden, wie diese Teilmodelle miteinander verknüpfbar sind (Modellkommunikation) und welche Mo-
dellkombinationen welchen Bedingungen entsprechen. Es sollte
hier angemerkt werden, daß insgesamt gesehen den Modellen, die
bei der Alternativensuche und beim Entwerfen neuer Alternativen
behilflich sein könnten, viel zu wenig Beachtung geschenkt wurde.
Entsprechendes gilt vermutlich auch für die diagnostischen Prozesse im Unternehmungsgeschehen. Insbesondere die OR-Rich-
tung hat sich für lange Zeit fast ausschließlich dem optimierenden
Auswahlproblem zugewandt.

(b) Sprachen sind notwendig, um

- . Wissen auszudrücken
- . Wissensbereiche miteinander zu verbinden und um
- . Kommunikationen zwischen unterschiedlichen Aktoren
  (Mensch und Maschine) zu ermöglichen.

Ihren speziellen Aufgaben und Ausprägungen wurde bisher zu wenig
Aufmerksamkeit geschenkt. Drei Tendenzen können in der Entwicklung von Computersprachen beobachtet werden. Eine Entwicklungsrichtung zielt darauf ab, den Sprachenaufbau immer mehr an die natürlich gewachsenen Umgangssprachen anzupassen. In der zweiten
Tendenz wird das Bemühen sichtbar, die Sprachen immer mehr im
Hinblick auf jene Fachsprachen zu differenzieren, die zur Beherr-
schung bestimmter Sachgebiete vom Menschen entwickelt werden und

wurden. Allgemeinverständlichkeit für den Menschen und sachbezogene Mächtigkeit der Computersprachen stehen sich so - wenn auch nicht unvereinbar - gegenüber. Als dritte Tendenz kommt das Bemühen hinzu, die sogenannten problemorientierten Sprachen (wie z. B. ALGOL, COBOL, FORTRAN, PL/1) durch weitgehende Standardisierung und Kompatibilität für mögliche ADV-Anlagen "allgemeinverständlich" zu machen. Während die ersten beiden Tendenzen dem Menschen und seinen Fachproblemen entgegenkommen, sucht die dritte Tendenz die Austauschbarkeit verschiedener ADV-Anlagen zu erhöhen.

Folgt die Entwicklung der ersten Richtung, so braucht der Benutzer nur relativ wenig über die Computersprache zu wissen, um sie benutzen zu können. Die Bedingungen des ADV-Systems passen sich gewissermaßen dem menschlichen Benutzer an.

Die zweite Entwicklungsrichtung führt zur Spezialisierung der Sprachen und damit auch zur Entwicklung und zum Einsatz spezieller Computersprachen z. B. für wirtschaftliche Entscheidungs- und Planungsaufgaben.

Während diese Sprachen für den Menschen - wie seine eigenen Fachsprachen - weniger allgemeinverständlich und damit esoterischer sind, kann eine weitgehende Kompatibilität für unterschiedliche ADV-Anlagen durch die Verwendung weitverbreiteter Sprachen (als Computersprachen) bei der Gestaltung des maschinellen Übersetzers erreicht werden. Hier wird wieder die dritte Tendenz wirksam. Durch die zwischengeschaltete "Compilersprache" wird es möglich, daß Computer - ohne eine neue Sprache "lernen" zu müssen - Spezialisten der verschiedensten Fachgebiete "verstehen" können. Wie mühsam haben es dagegen Kaufleute und Techniker miteinander!

(c) Aktoren, insbesondere menschliche Aufgabenträger sind notwendig, um

. Probleme wahrzunehmen und zu erkennen, damit daraus situations- und zielgerechte Entscheidungsaufgaben abgeleitet werden können,

. mit Hilfe geeigneter Sprachen die Wissenskomponenten aufgabengerecht verknüpfen und anwenden zu können.

Den Entscheidungsträgern obliegt dann auch das verantwortliche Akzeptieren einzelner Vorschläge. Sie müssen sich voll und ganz hinter die akzeptierte Politik oder den akzeptierten Plan stellen und für die strukturgerechte Kommunikation mit all jenen Instanzen und Stellen, die an Ausführung und Überwachung der notwendigen Aktionen beteiligt sind, Sorge tragen.

IV. Überblick über das Zusammenwirken der Komponenten

In Abbildung 1 wird versucht, das Zusammenwirken der Komponenten einschließlich der Quellen einzelner Wissenskomponenten darzustellen. Einige Anmerkungen sollen diese Darstellung erläutern.

(a) Alle Überlegungen, die bei der Gestaltung computer-gestützter Entscheidungssysteme angestellt werden, sollten von den Aufgaben ausgehen, die diesen Systemen gestellt werden. Zusammen mit den Gegebenheiten der empirischen Umwelt konstituieren sie die jeweilige Entscheidungssituation. Die Aufgabenstellung gibt an, in welche Richtung der Problemlösungsprozeß sich bewegen soll. Auf der anderen Seite muß aber beachtet werden, daß durch eben diese Aufgabenstellung eine Problemerkennung überhaupt erst in die Wege geleitet wird. Es ist also wichtig, festzuhalten, daß man einerseits bei der Gestaltung von Entscheidungssystemen von der gestellten Entscheidungsaufgabe auszugehen hat. Aber andererseits wäre es falsch, wenn von dort aus nur der Sprung zur Problemlösungsseite hin gesehen und das Problemerkennen unbeachtet bleiben würde.

Die dem Entscheidungsträger gestellten Aufgaben sind in aller Regel wenig konkretisiert. Dies resultiert daraus, daß derjenige, der die Aufgabenstellung des Entscheidungsträgers formuliert, nicht den gesamten notwendigen Entscheidungsprozeß im voraus determinieren kann. Eben deswegen überträgt man ja diese Aufgaben einem eigenständig dafür verantwortlichen Mitarbeiter. Nicht desto weniger dient diese oft globale Aufgabenstellung dazu, den Problemerkennungsprozeß auf bestimmte Ziele auszurichten. Beim Erkennen der Probleme werden die Aufgaben konkretisiert und wenn nötig auch modifiziert. Problemerkennen und Problemlösen müssen daher in ihrem Wechselspiel innerhalb einer gegebenen Aufgabenstellung beachtet werden.

(b) In der Abbildung 1 ist eine Kette von Aktivitäten (Problemerkennen, Erarbeiten einer Lösungskonzeption, Programmieren des Lösungsganges, tatsächliche Ausführung der Entscheidungsaufgabe) erkennbar, für die immer wieder auf das verfügbare Wissen zurückgegriffen werden muß. Das Wissen nimmt somit eine ganz zentrale Stellung in jedem Entscheidungssystem ein. Je größer der Anteil der verfügbaren Elemente im Wissensbestand ist, desto weniger neue zusätzliche Vorarbeit muß im einzelnen Entscheidungsfalle geleistet werden. Was man weiß, braucht man nicht noch einmal zu erarbeiten, wenn man weiß, daß man es und wo man es weiß. Neben dem Erarbeiten neuen Wissens gehört die Organisation vorhandenen Wissens zu den großen Aufgaben der Unternehmung in der Gegenwart.

Problem erkennen u. beschreiben
Aufgabenstellung:
Strategische Entsch.
Dispositive Entsch.
Operationale Entsch.
Wissensbestände
Entwickeln von Modellen
Modelle
Lösungskonzeption erarbeiten
Entwickeln formaler Methoden
Methoden
Individuelle Lösungskonzeption
Forschung zur Ermittlung empir. Hypothesen
Hypothesen
Programmierung der Aufgabenerfüllung
Programm der Erfüllung der Entscheidungsaufgabe
Faktisches Wissen erfassen und sammeln
Daten
Prakt. Lösung der indiv. Entscheidungs-u. Planungsaufgabe
Plan für Aktivitäten
Objektsystem (Entscheidungsfeld)

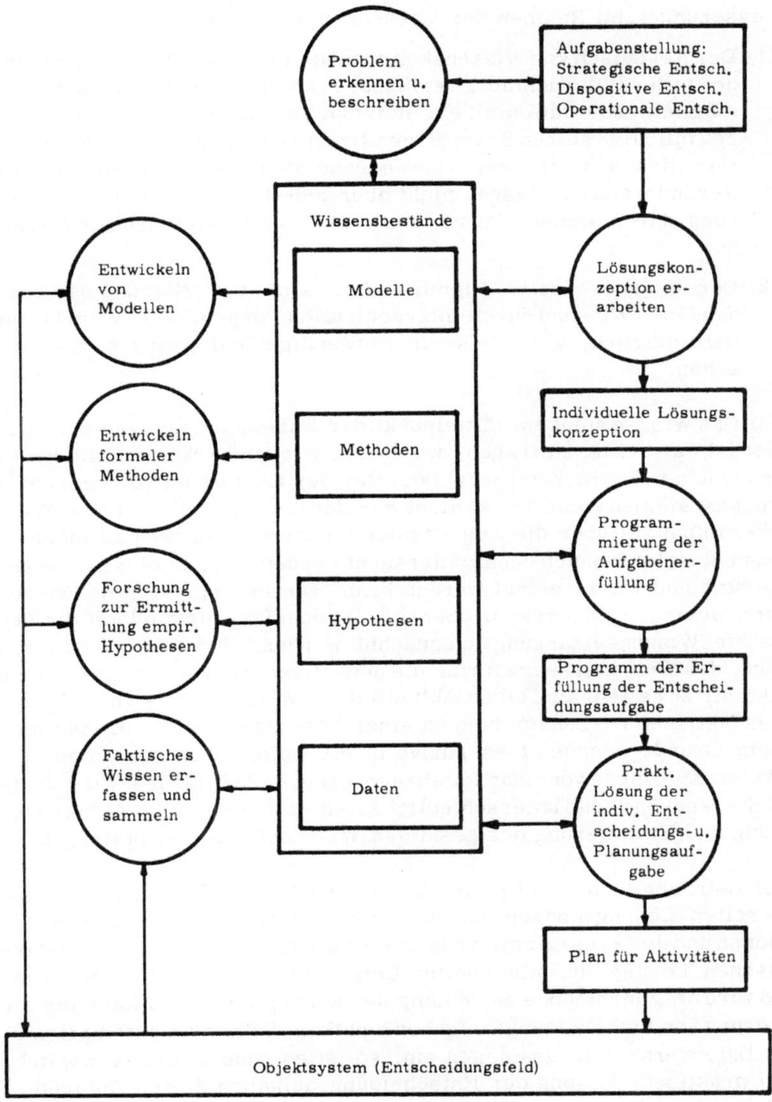

Abb. 1

(c) Der Einsatz von ADV-Anlagen ermöglicht zwei wesentliche Verbesserungen im Rahmen der Wissensorganisation:

(1) Der Austausch von Wissenskomponenten und damit die Anpassung des in der Unternehmung verfügbaren an das aktuelle Wissen wird möglich, ohne daß damit ein individueller menschlicher Lernprozeß mit allen seinen Schwierigkeiten in Gang gesetzt werden muß. Der dieses Basiswissen anwendende Mensch braucht nur um die Veränderung zu wissen, nicht aber jede Einzelheit der Veränderung durch seinen eigenen intellektuellen Prozeß nachzuvollziehen.

(2) Der interpersonelle Zugriff und die simultane Nutzung des vorhandenen Wissens durch unterschiedlich vorgebildete Mitarbeiter wird möglich, wenn diese die notwendige Dialogsprache beherrschen.

(d) Das Wissen steht im Mittelpunkt der Entscheidungssysteme. Daher ist es wichtig zu fragen, wo dieses Wissen herkommt und wo es in welcher Form verfügbar ist. Bei der Gestaltung von Entscheidungssystemen kommt es so nicht nur darauf an, sich über den Speicheraufbau und über die Zugriffsmöglichkeiten Gedanken zu machen; es muß vielmehr auch genau untersucht werden, woher dieses Wissen kommt und wie es erfaßt werden kann. Die in jüngster Zeit erfreulich intensive Diskussion über die Datenerfassung muß auf die gesamte Wissenserfassung ausgedehnt werden. Nur so wird es möglich, das Wissensreservoir für die jeweiligen Entscheidungssysteme aktuell zu halten. Und diese Aktualität im Wissen läßt sich nicht auf das faktische Wissen im Rahmen einer Datenbank einengen. Aus diesem Grunde erscheint es sinnvoll, die weiter oben genannten vier Wissensbereiche voneinander abzugrenzen. In Abbildung 1 wird deutlich erkennbar, daß unterschiedliche Aktivitäten zu einer Aktualisierung und Erweiterung des gesamten Wissensbestandes beitragen.

(e) Betrachtet man den Problemlösungsweg vom Erarbeiten einer generellen Lösungskonzeption über die individuellen Lösungskonzeptionen und die Programmierung des Lösungsweges bis hin zur praktischen Lösung im individuellen Entscheidungs- und Planungsfalle, so wird die zunehmende Bedeutung der konzeptionellen Phase für die Lösung von Entscheidungsaufgaben sichtbar. Setzt man automatisierte Datenverarbeitungsanlagen ein, so ist es ohne weiteres möglich, die praktische Lösung der Entscheidungsaufgaben diesen Anlagen zu übertragen. Dem Menschen verbleibt dann die viel schwierigere Arbeit, Konzeptionen und Strategien für einzelne Entscheidungsfolgen zu entwickeln.

Wird die Entscheidung im Einzelfall, wie etwa bei Bestellvorgängen, der ADV-Anlage übertragen, so verbleibt dem Menschen die Aufgabe, für diese Einzelentscheidung eine Strategie, ein Konzept zu entwerfen. Das zwingt zu einer systematischeren Betrachtung der in Unternehmungen getroffenen Einzelentscheidungen. Für den individuellen Mitarbeiter ist damit eine steigende Anforderung verbunden. Statt wie bisher Entscheidungen im Einzelfall zu treffen (decision maker), muß er jetzt für zukünftige, einzelne Entscheidungen widerspruchsfreie und erfolgswirksame Entscheidungskonzepte und Strategien entwerfen (policy maker). In computer-gestützten Entscheidungssystemen wird der menschliche Entscheidungsträger wesentlichen Anteil an der Entwicklung solcher Entscheidungskonzepte haben und zugleich im Wechselspiel mit dem Computer die schwierigen Einzelentscheidungen treffen müssen. Darin sind auch Erfolg oder Mißerfolg dieser Systeme begründet. Vom Entscheidungsträger wird - bedingt durch das computer-gestützte Verfahren - strategisches Denken verlangt, wo er bisher meist nur Einzelentscheidungen in mehr oder weniger konsistenter Weise getroffen, sich überwiegend an den Gegebenheiten des Einzelfalles ausgerichtet und weitgehend reaktiv gehandelt hat. Im Falle computer-gestützten Entscheidens und Planens müssen die implizit im Menschen wirksamen Modelle und Programme explizit formuliert und sichtbar gemacht werden. Damit werden die Voraussetzungen für eine Zusammenarbeit mit dem Computer geschaffen und zugleich auch die ersten Schritte auf dem Wege zu einem kontrollierbaren, konzeptionellen Lernprozeß getan.

C. Systemforderungen und Systemrestriktionen

I. Umfang der einzelnen Teilaufgaben

Wenn man vor der Aufgabe steht, ein computer-gestütztes Entscheidungssystem zu entwerfen und zu gestalten, so muß man von vornherein festlegen, welche Teilaufgaben überhaupt in diesen computergestützten Zusammenhang einbezogen werden sollen.

Eine erste Abgrenzung kann darin bestehen, daß nur die praktische Lösung einzelner Entscheidungsaufgaben mit Hilfe des Computers erfüllt werden soll. In einem zweiten Schritt könnte man auch daran denken, die Programmierung der Entscheidungsaufgabenerfüllung mit in den computer-gestützten Prozeß einzubeziehen. Ein dritter Schritt schließlich könnte auch die Erarbeitung von Lösungskonzeptionen mit betrachten und fragen, wie die Datenverarbeitungsanlage als Instrument zur Gestaltung von Entscheidungskonzeptionen (policy

making) herangezogen werden kann. Als ein vierter Schritt käme das
Problemerkennen und die Formulierung der Entscheidungsaufgabe
selbst infrage. Hier könnte man sich ebenfalls eine Hilfe des Computers im gesamten Entscheidungsprozeß vorstellen. Ein letzter Schritt
würde schließlich auch jene Aufgaben umfassen, die mit der Anpassung
und Regenerierung des im Entscheidungsprozeß notwendigen Wissens
zusammenhängen.

Dieser kurze Überblick zeigt sehr deutlich, daß der Computer auf
jeder einzelnen Stufe eingesetzt werden könnte.

Unabhängig davon, in welchem Umfang Datenverarbeitungsanlagen
zur Lösung der einzelnen Teilaufgaben herangezogen werden, ver-
dienen diese Aufgaben eine sehr aufmerksame Behandlung bei der
bewußten Gestaltung von Entscheidungssystemen in Unternehmungen.

II. Ausmaß der Computisierung

Der computertechnische Einsatz in Mensch-Maschine-Systemen wurde, ausgehend von den Informations- und Entscheidungsaufgaben der
operationalen Ebene, auf eine Automatisierung dieser Prozesse hin
ausgerichtet. Der Mensch sollte möglichst wenig eingreifen, da er
als langsamer Partner den Gesamtablauf nur unnötig verzögern würde.
Dabei wurde von der Annahme ausgegangen, daß die ADV-Anlage
allein eine bessere, d. h. effizientere Lösung bringen würde als eine
verfahrenstechnische Lösung, bei der der Mensch aktiv mitwirken
muß. Das mag für viele operationale Routineprozesse zutreffen. Bei
der Bewältigung dispositiver und vor allem strategischer Aufgaben
kann demgegenüber auf die aktive Mitwirkung des Menschen nicht
verzichtet werden. Seine Entscheidungs- und Planungskapazitäten
sind hier von grundlegender Bedeutung. Daher kann nicht Automatisierung, sondern nur Computerunterstützung das Ziel der systemtechnischen Bemühungen sein. Für das Gebiet der Entscheidungs-
und Planungssysteme müssen folglich computer- und systemtechni-
sche Lösungen gefordert werden, die es beiden Partnergruppen (Menschen und Computern) gestatten im interaktiven Prozeß ihre eigenen
optimalen Leistungen zu entfalten. Nach einer computer-technischen
perfektionierten Phase, mit der Forderung nach möglichst weitge-
hender und wo nur eben möglich totaler Automatisierung, befinden
wir uns nun in einer Entwicklungsphase, in der wieder der Mensch
in den Mittelpunkt rückt und der Computer entsprechend seiner in-
strumentalen Fähigkeiten als Wissens- und Intelligenzverstärker eingesetzt wird bzw. werden sollte.

III. Flexibilität und Anpassungsfähigkeit des Systems

Immer wieder wird die Forderung erhoben, daß der computerisierte Teil von Entscheidungssystemen flexibel und anpassungsfähig sein muß, um Umwelt- und Zieländerungen gerecht werden zu können. Hinzu kommt, daß auch der Mensch bei der Benutzung des vorhandenen Systems lernt und somit neue Entwicklungs- und Anpassungsstufen des Systems möglich und wünschenswert werden.

Bei der Beantwortung der Frage nach Flexibilität und Anpassungsfähigkeit müssen zwei Aspekte unterschieden werden. Ein technischer Aspekt stellt die Frage, ob die notwendige Anpassung innerhalb eines bestimmten Zeit-Limits erfolgen kann. Der ökonomische Aspekt richtet die Aufmerksamkeit darauf, ob der gesamte Aufwand, der mit der Änderung verbunden ist, überhaupt vertretbar erscheint. Bei konsequenter Beobachtung gegebener Systeme muß man sagen, daß ein nicht angepaßtes System unbrauchbar und ein zu aufwendiges System untragbar für die Unternehmung ist. Da sehr häufig der ökonomische Aspekt in den Vordergrund tritt, finden wir in der Praxis sehr viele Systeme, die nicht genügend angepaßt und daher im Grunde wenig brauchbar oder gar unbrauchbar geworden sind.

Bei der Systemgestaltung ergeben sich im Hinblick auf Flexibilität und Anpassungsanforderungen zwei grundsätzliche Alternativen:

(a) Bei der ersten Alternative ist mit einem sehr hohen Erstaufwand für ein anpassungsfähiges System ein geringerer Anpassungsaufwand verbunden.

Die Anpassungsgeschwindigkeit als technisches Problem muß den sachlichen Bedingungen der Unternehmung entsprechen. Sehr häufig sind die Anpassungsrichtungen und Notwendigkeiten für Informations- und Entscheidungssysteme im voraus nur schwer vorherzusagen. Als Konsequenz ergibt sich daraus der häufig zu beobachtende Versuch, das System so zu konzipieren, daß es nach möglichst vielen Aspekten hin weiter ausgebaut werden kann. Diese Vorgehensweise entspricht etwa der Konstruktion eines Autos mit dem Ziel, dieses später auch einmal als U-Boot und/oder als Flugzeug ausbauen zu können.

(b) Die zweite Alternative besteht darin, einen geringeren Aufwand sowohl für das erste, wenig anpassungsfähige System, als auch für jedes weitere, zweckgerecht angepaßte, neue System zu treiben. Damit kann möglicherweise ein sehr hoher Gesamtaufwand verbunden sein, so daß ökonomische Grenzen für diese Vorgehensweise gesetzt

sind. Hinzu kommt, daß Konzeption und Implementierung eines neuen
Systems zu viel Zeit in Anspruch nehmen würde, so daß sich die An-
passungszeiten ständig überlagerten.

Aus den obigen Überlegungen ergeben sich zwei Forderungen. Erstens
muß versucht werden, Konzeptionen für flexible und anpassungsfähige
Systeme auf genereller Basis zu entwickeln und auf ihre systemtechnischen Bedingungen hin zu untersuchen. Daneben muß aber ein zwei-
ter Weg mit dem Ziel beschritten werden, Zeit und Aufwand für Konzeption und Implementierung computer-gestützter Systeme zu verrin-
gern. Wenn eine schnellere, nicht mehrjährige Entwicklung neuer
Systeme möglich wäre, so würde sich die Frage nach der hochgradi-
gen Flexibilität von selbst erledigen.

Eine beachtliche Beschleunigung der Systemgestaltungsarbeit könnte
erreicht werden, wenn auch für diese Aufgaben Datenverarbeitungsanlagen herangezogen werden könnten. Es müßte gewissermaßen eine
Umwegproduktion eingeschlagen werden. Ein erheblicher Aufwand
wäre notwendig, um computer-gestützte Systemgenerierung zu ermöglichen. Im Augenblick kann man schwer sehen, wer diesen Aufwand für die notwendige Systemgestaltungs-Software tragen könnte
bzw. zu tragen bereit wäre. Ganz gewiß kann man dieses Problem
nicht als eine alleinige Aufgabe der ADV-Hersteller betrachten.

Unter dem Aspekt der Flexibilität und Anpassungsfähigkeit können
einige Etappen einer "Systemgeschichte" aufgezeigt werden. Anfang
der 60er Jahre war man darum bemüht, integrierte Mammut-Systeme
ohne besonderen Anpassungskomfort zu entwickeln. Die damals herr-
schende Systemphilosophie kann in dem Satz zusammengefaßt werden: Wenn erst einmal alle Teilbereiche der Unternehmung in ein
integriertes System zusammengeführt wurden, so wird dieses System für eine sehr lange Zeit Bestand haben. Mitte der 60er Jahre
fand man demgegenüber heraus, daß eben diese großen Systeme unübersichtlich geworden waren und für Anpassungsnotwendigkeiten
wenig Verständnis zeigten. Folglich ging man daran, integrierte
Baukastensysteme auf modularer Basis zu entwickeln, um damit einen hohen Anpassungskomfort zu gewährleisten. Der Generierungsaufwand für die Module war und ist sehr hoch. Vielleicht wird man
im Laufe der fortgeschrittenen 70er Jahre dazu übergehen, relativ
kurzlebige Systeme mit geringem Anpassungskomfort zu entwickeln,
die aber wiederum geringen Generierungsaufwand erfordern, so daß
man sie lieber neu macht, ehe man allzuviele Gedanken und Energie
dafür verwendet, wie sie an veränderte Bedingungen angepaßt werden
können. Der grundsätzlich modulare Aufbau des Gesamtsystems wird
sehr wahrscheinlich beibehalten werden. Zur Gestaltung dieser Module werden allerdings sehr spezielle Sprachen, wie sie heute bereits
in einem gewissen Umfange für die Entwicklung von Budgetierungs-und
Planungssystemen zur Verfügung stehen, eingesetzt werden können.

IV. Eingrenzung des Gestaltungsspielraums

Die gestalterischen Überlegungen können nicht nur davon ausgehen, welche Anforderungen das System erfüllen soll, sondern sie müssen zur gleichen Zeit die Restriktionen beachten, die gegeben sind. Daher muß sich jeder Systemgestalter zu Beginn seiner Arbeit die Fragen vorlegen: Welche Restriktionen müssen hingenommen werden? Was kann in Frage gestellt werden?

Einige dieser Restriktionen sollen hier genannt werden:

- Technische Restriktionen bezüglich der Hard- und Software.
- Personelle Restriktionen (Ausbildungsstand der Mitarbeiter).
- Budget-Restriktionen (zulässiger Aufwand für Forschung , Entwicklung und den laufenden Betrieb des Systems).
- Wissensmäßige Restriktionen (Grenzen des Verfügbaren "know-how").
- Organisatorische Restriktionen (aufbauorganisatorische Starrheit, nicht modifizierbare Arbeitsabläufe).

Systemanforderungen und Systemrestriktionen stehen in einem echten Wechselspiel. Die Anforderungen legen fest, was sein soll; die Restriktionen bringen zum Ausdruck, was sein kann oder nicht sein soll.

In der Konzeptphase gehört es zu den schwierigen Aufgaben, deutlich und allen Beteiligten verständlich zu machen, welche Restriktionen vorgegebene Anforderungen unmöglich machen. Der Satz, Restriktionen dürfen Anforderungen nicht unerfüllbar werden lassen, ist einsichtig und leicht zu sprechen. In der Praxis zeigt es sich allerdings, daß nicht selten von ein und derselben Stelle im Zusammenhang mit den Anforderungen gesagt wird, das soll sein, und daß zugleich bezüglich der Restriktionen festgestellt wird, das soll nicht sein. Noch häufiger dürfte der Fall sein, daß über die Restriktionen nicht gesprochen wird, so daß diese erst bei dem Versuch, ein neues System zu entwerfen oder zu entwickeln oder zu implementieren, in den dann auftretenden Widerständen sichtbar werden.

V. Attituden des Managements gegenüber computer-gestützten Entscheidungssystemen

Management-Informationssysteme werden in Deutschland zumindest weitgehend mit den Fragen nach einer Datenbank für Management-Informationen identifiziert. Die vorangegangenen Überlegungen haben gezeigt, daß die Datenbank oder allgemeiner die Datenbestände nur ein Teilproblem im Rahmen der Entscheidungssysteme sein können. Die Grundhaltung des Managements, einer datenbank-orientierten Entwicklung sehr gern zuzustimmen, läßt sich vielleicht auf die folgenden Gründe zurückführen:

(1) Informationen wurden immer gesammelt, sie sind notwendig und es wäre sehr schön, wenn mehr Informationen besser greifbar wären.

(2) Es besteht ein starkes Mißtrauen im Management gegenüber allen Versuchen, Modelle zu entwickeln und einzusetzen, die den Entscheidungsbereich des einzelnen Managers betreffen.

(3) Es kann eine gewisse Abneigung des Managements gegen jedes Experimentieren festgestellt werden, sobald dabei der eigene Arbeitsbereich und der eigene Arbeitsstil in unmittelbarer Weise betroffen wird.

(4) Diese vorhandenen Schwierigkeiten werden noch dadurch unterstützt, daß die Systemgestalter und Modellbauer sehr häufig in starker Isolierung ihrer Arbeit nachgehen.

Will man computer-gestützte Entscheidungssysteme in die Praxis einführen und dort im Unternehmungsprozeß wirksam werden lassen, so müssen einige Forderungen an das Verhalten der Manager gestellt werden. Ein engagiertes Management, das nicht nur ein aufwendiges Datenarchiv haben möchte, wird einsehen, daß computer-gestützte Entscheidungssysteme zu ihrem eigenen Entscheidungs- und Planungsinstrument entwickelt werden sollen. Dabei muß die gemeinsame Entwicklung von Modellen für die Planung und Steuerung der jeweiligen Verantwortungsbereiche im Vordergrund stehen. Es kann nicht oft genug wiederholt werden, daß hier eine gewisse Experimentierfreudigkeit des Managements zu einer notwendigen Voraussetzung für jede erfolgliche Systementwicklung wird.

D. Grundsätzliche Vorgehensweise und einige kritische Probleme bei der Gestaltung

I. Zur grundlegenden Vorgehensweise

Wie bei allen Entwicklungsprojekten entsprechender Größe und Komplexität, muß auch bei der Gestaltung computer-gestützter Entscheidungssysteme das gesamte Instrumentarium für Planung, Kontrolle und Überwachung herangezogen werden, das bei anderen Projekten dieser Größe längst bekannt ist und eingesetzt wird. Für den administrativen Bereich stellt dieses Denken in Großprojekten allerdings etwas Neues und Ungewohntes dar. Die notwendige Verzahnung der Informations- und Entscheidungssysteme mit weiten Bereichen der vorhandenen und lebendigen Unternehmungsorganisation macht eine isolierte Arbeit unmöglich. Informations- und Entscheidungssysteme müssen da, wo sie neu formuliert und entwickelt werden, im Rahmen der gegebenen Organisation gestaltet werden. Damit fällt das Bauen neuer Systeme auf der grünen Wiese und die Arbeit in unternehmungsinternen Elfenbeintürmen aus.

II. Allgemeines Schema für die Vorgehensweise

In Abbildung 2 (1) ist der Versuch unternommen worden, ein allgemeines Schema für die einzelnen Teilbereiche aufzuzeigen, die bei der Gestaltung von computer-gestützten Entscheidungssystemen beachtet werden müssen. Das Schema greift keine zeitliche Abfolge auf, sondern will vielmehr in einer Hierarchie von Regelkreisen deutlich machen, wieviel unterschiedliche Planungs-, Realisations- und Kontrollaufgaben auf den einzelnen Gestaltungsebenen notwendig sind, um einen reibungslosen und effizienten Prozeß zu ermöglichen.

Eine nähere Erörterung der einzelnen Teile dieses Gesamtschemas würde in diesem Rahmen zu weit führen. Zwei Hinweise seien jedoch gestattet:

(1) Bei der Planung eines so umfassenden Prozesses sollte insbesondere auch die Abbruchentscheidung nicht ungeplant bleiben. Es gibt gewisse Abschnitte im gesamten Projektgeschehen, die es geraten erscheinen lassen, die Frage 'Soll das Projekt fortgesetzt oder abgebrochen werden?' zu stellen. Wird die Notwendigkeit zur Beantwortung derartiger Fragen nicht eingeplant, so kann es sehr leicht passieren, daß die Systemgestaltung sich ohne endgültigen Erfolg nur so dahinschleppt.

(2) Die bei der Gestaltung computer-gestützter Entscheidungssysteme auftretenden Probleme und Aufgaben sind häufig neu und sehr schwierig.

---

1) Entnommen aus Szyperski, Norbert und Jürgen Marock: Allgemeines Schema für die Vorgehensweise bei der Gestaltung computergestützter Informations-, Planungs- und Steuerungssysteme. Arbeitsbericht 70/1 des Betriebswirtschaftlichen Instituts für Organisation und Automation an der Universität zu Köln.

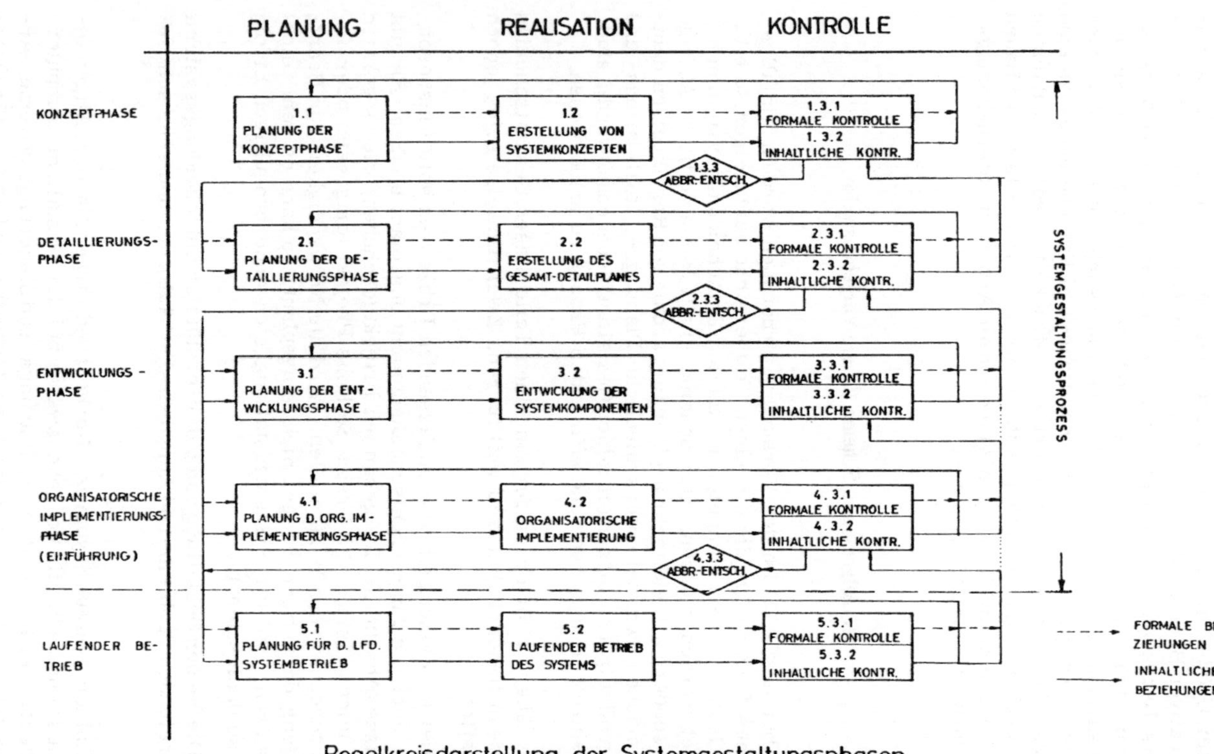

Abb. 2   Regelkreisdarstellung der Systemgestaltungsphasen und ihrer einzelnen Teilaufgaben

Daher erscheint es ratsam, mit dem Entschluß, die weitere Entwicklung, Implementierung oder gar Benutzung eines bestimmten Systems abzubrechen, nicht notwendigerweise das ganze Projekt abzubrechen. Die fehlgeschlagene Entwicklung sollte beendet, zugleich aber das verworfene System als ein Prototyp in einer Entwicklungsreihe aufgefaßt werden. Es würde an ein Wunder grenzen, wenn ausgerechnet auf diesem komplizierten Gebiet der Mensch-Maschine-Systeme der erste Systemgestaltungsversuch zu vollem Erfolg führen würde, während auf allen anderen technischen Gebieten, selbst in sehr hoch entwickelten Branchen, ganze Museen nie genutzter Prototypen entstehen und Heere hochqualifizierter Fachkräfte an immer neuen Prototypen arbeiten.

III. Einige spezifische Sachprobleme bei computer-gestützten Entscheidungssystemen

1. Kybernetischer Zusammenhang von Zielsetzung, Entscheidungsaufgabe, Problemerkennung, Problemlösung und Objektsystem

Eine Reihe von Aktivitäten und Problemen des obigen allgemeinen Schemas sind spezifisch für computer-gestützte Entscheidungssysteme. Sie hängen zusammen mit der Zielsetzung und der gegebenen Entscheidungsaufgabe sowie mit den Fragen der Problemerkennung und Problemlösung bezüglich eines abzugrenzenden Objektsystems. Um die Zusammenhänge und die darin auftretenden Gestaltungsprobleme deutlich machen zu können, soll auf ein weiteres Schema in Abbildung 3 zurückgegriffen werden. Diese Abbildung zeigt in ihrem Kern die Arbeitsbeziehungen zwischen einem Entscheidungsträger (B) und einem Informationsgenerator (G), der diesem Entscheidungsträger dient, Informationen über ein Objektsystem (O) produziert und dem B zur Verfügung stellt. Um dieses Aktionssystem herum ist ein System von Entscheidungs- und Informationsaufgaben gruppiert. Beide Systeme, Aktions- und Aufgabensystem, sind in einem Beziehungszusammenhang zur objektbezogenen Zielsetzung gebracht worden. Die Aktivitäten des Entscheidungsträgers (B) und des Informationsgenerators (G) sind nach den beiden großen Bereichen Problemerkennung und Problemlösung getrennt worden, wie es auch deutlich im Rahmen der Abbildung 1 geschah. Man kann auch die mit Problemerkennung und -lösung zusammenhängenden Teilaktivitäten zusammenfassen und dem Problemerkennungssystem ein Problemlösungssystem gegenüberstellen, so daß deren Wechselbeziehungen im Vordergrund stehen.

Zielsetzung
Entscheidungs-aufgabe
Problem-erkennung
Problem-lösung
B
Inf.-Aufg.: Problem-erkennung
Inf.-Aufg.: Problem-lösung
Inf.-Generierung zur Problem-erkennung
G
Inf.-Generierung zur Problem-lösung
Objektsystem
Arbeitsbeziehungen zwischen B, G und Objektsystem (Real-systemen)
Aufgabenbeziehungen, die Zielsetzung und Bedingungen des B und G bezüglich Ob-jektsystem beachten
Rollenbegrenzung bezüglich Informationen:
B
Benutzer System
G
(Informations-) Gene-rator-System
Computereinsatz in G - B - Systemen

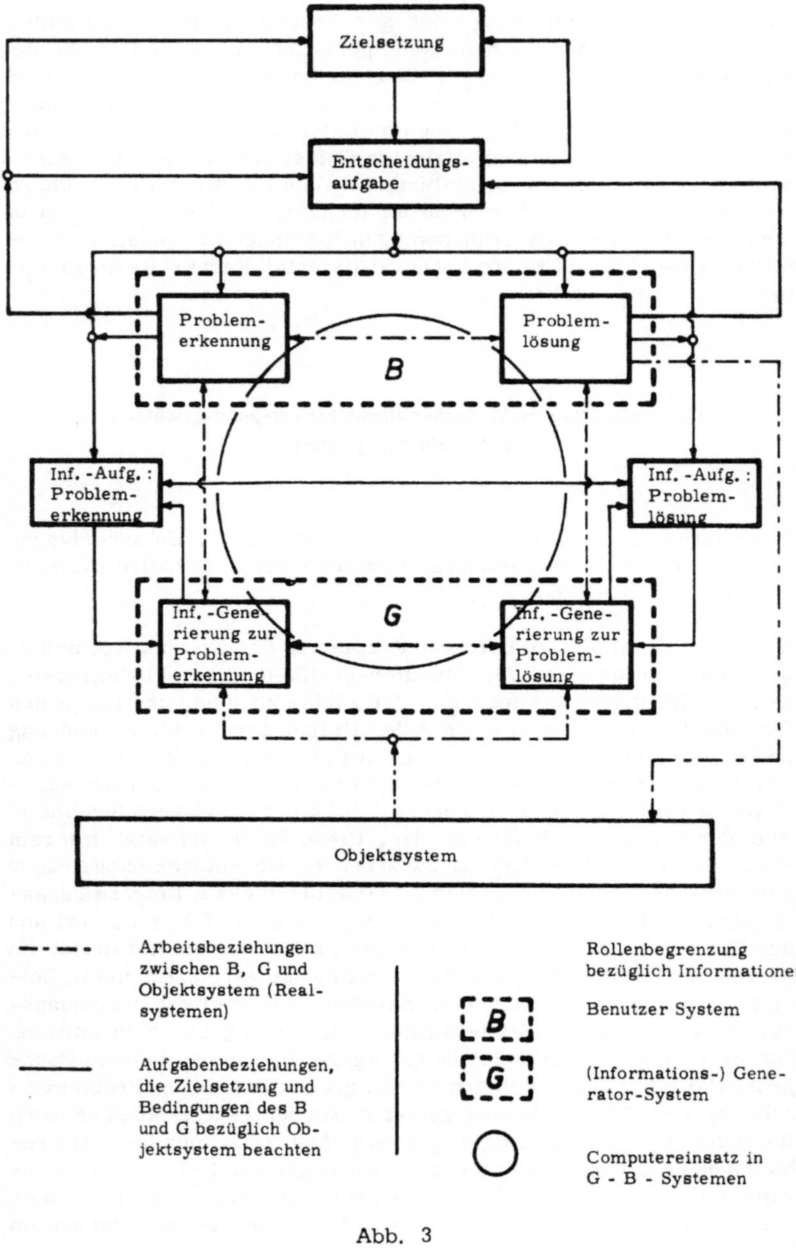

Abb. 3

Ziel aller Bemühungen bei der Gestaltung eines computer-gestützten Entscheidungssystems ist die verbesserte Planung und Lenkung des abgegrenzten Objektsystems. Dies soll unter Einsatz und Nutzung des Computers geschehen. Seine Mithilfe kann sich dabei auf alle vier der abgegrenzten Teilaktivitäten im Bereich der Problemlösung und Problemerkennung erstrecken. Demnach sind Menschen und/oder Computer an der Informationsgenerierung und/oder an der Problemerkennung und Problemlösung beteiligt. Damit kommen zu den sachbedingten Arbeitsbeziehungen noch die Interaktionen zwischen dem Menschen und dem Computer als Problembereich hinzu.

2. Erfassung der effektiven Problemerkennungs- und Problemlösungsmodelle und Bestimmung des Informationsbedarfs

Die Analyse und Bestimmung des Informationsbedarfs des gesamten Entscheidungssystems und des einzelnen Entscheidungsträgers gehören zu den Kernaufgaben der Systemgestaltung. Während über den globalen Informationsbedarf des Systems, insbesondere in der Konzept- und Detaillierungsphase entschieden wird, erfolgt die individuelle Informationsbedarfsanalyse und Informationsbedarfsbestimmung häufig erst iterativ in der Phase der Systementwicklung. Bei der Bestimmung des Informationsbedarfs müssen die folgenden Teilaufgaben beachtet werden:

(1) Analyse der Zielsetzung und damit der Entscheidungsaufgabe bezüglich eines betrachteten Objektsystems;

(2) Festlegung der Grenzen des Objektsystems für das ein Entscheidungssystem gestaltet werden soll;

(3) Analyse der Systeminteraktionen mit der Umgebung;

(4) Analyse der internen Systemstruktur;

(5) Analyse und Bestimmung der Problemerkennungsmodelle;

(6) Ableitung der in die Problemerkennungsmodelle eingehenden Informationen;

(7) Analyse und Bestimmung der Problemlösungsmodelle;

(8) Ableitung der für die Problemlösungsmodelle benötigten Informationen.

Diese Teilaufgaben machen deutlich, daß es sich immer gemeinsam um eine Informations- und Modellbedarfsanalyse handelt, wenn man vor der Aufgabe steht, die Anforderungen an ein computer-gestütztes Entscheidungssystem herauszuarbeiten. Die Feststellung der Problemerkennungs- bzw. Problemlösungsmodelle und die Ermittlung des damit verbundenen Informationsbedarfs können sich dabei am gegenwärtigen Stand orientieren (deskriptiv), den Wünschen der betroffenen Entscheidungsträger folgen (subjektiv), oder aber sich an den Systemerfordernissen ausrichten (systemtechnisch). Kombinationen dieser drei grundsätzlichen Möglichkeiten sind selbstverständlich zulässig.

Für viele Entscheidungsaufgaben sind weder die Problemerkennungs- noch die Problemlösungsmodelle explizit bekannt; sie sind vielmehr im Gehirn des Fachmannes enthalten und stellen dessen Wissen und Können auf seinem speziellen Gebiet dar. Der Modellentwicklung stellt sich damit die Aufgabe, diese impliziten Modelle wo immer möglich explizit zu formulieren und an ihrer Verbesserung mitzuarbeiten. Die erfahrenen und kompetenten Manager sind somit unentbehrliche Wissenszentren der Unternehmung. Sie nehmen demnach bei der Gestaltung und Einführung von computer-gestützten Informations- und Entscheidungssystemen nicht nur - wie sehr häufig angenommen - die Rolle der durchsetzungsaktiven Autorität wahr. Daraus sind wesentliche Konsequenzen für die intensive Mitarbeit des Managements an der Gestaltung der eigenen computer-gestützten Entscheidungssysteme zu ziehen.

Häufig wird von der Annahme ausgegangen, daß sich bei gegebener Zielsetzung und gegebenem Objektsystem die Entscheidungsaufgabe eindeutig determinieren läßt. Von dieser weitgehend determinierten Entscheidungsaufgabe erwartet man, daß sie die notwendigen Anforderungen an die Problemerkennungs- und die Problemlösungsmodelle und damit die notwendigen Informationen prägen kann. In diesem Zusammenhang muß bei der Gestaltung von computer-gestützten Entscheidungssystemen für Managementaufgaben vor einem sehr häufigen Irrtum gewarnt werden, der etwa im folgenden Gedankengang zum Ausdruck kommen kann: Die Entscheidungsaufgabe sollte klar umrissen sein. Der Manager, dem diese Aufgabe übertragen wird, muß aufgrund seiner Fachkenntnisse in der Lage sein, seinen Informationsbedarf anzugeben und seine Modellforderungen zu formulieren. Kann der Manager das auf Befragen nicht tun, so wird häufig daraus geschlossen, daß er seiner Aufgabe nicht voll gewachsen sei und folglich von den Systemtechnikern nicht nur einer Beratung bezüglich der Informationsprobleme, sondern auch im Hinblick auf seine eigenständigen Entscheidungsaufgaben bedürfe. Lassen wir einmal die möglichen intellektuellen und sprachlichen Schwierigkeiten in diesem Gespräch außer acht. Eine Rehabilitierung des Managers könnte dann nur mit dem Hinweis erfolgen, daß die Entscheidungsaufgabe gar nicht so weitgehend determiniert ist oder sein kann, wie sie von der systemtechnischen Seite her angenommen wird. So spitzt sich ein wesentliches Problem bei der Gestaltung computer-gestützter Entscheidungssysteme auf die Frage zu, ob taktische und insbesondere strategische Entscheidungsaufgaben im Rahmen des Managements aufgrund organisatorischer Unfähigkeit schlecht und ungenau formuliert sind, oder ob sie aufgrund einer kybernetischen Notwendigkeit schwach determiniert sein müssen.

In einer flexiblen und hochgradig veränderten Umwelt ist es notwendig, daß die Entscheidungsträger eine gewisse Entscheidungs- und vor allem auch Problemfreiheit haben, um so in der Lage zu sein, die Unternehmung an wechselnde Umweltbedingungen anpassen zu können. Die Forderung nach weitgehend determinierten Entscheidungsaufgaben ist somit aus der Sicht der Informationssystemgestaltung verständlich, für die gesamte Unternehmung aber aus kybernetischen Gründen in vielen Fällen überhaupt nicht erwünscht. Bei der Gestaltung computer-gestützter Entscheidungssysteme wird es also darauf ankommen, das rechte Maß für die Determinierung von Entscheidungsaufgaben zu finden. Einem Manager, der seinen Informationsbedarf nicht im einzelnen zu nennen vermag, sollte man daher zugute halten, daß er ihn im einzelnen im voraus überhaupt nicht kennen darf, weil er nämlich sonst, in einem bürokratisch dogmatischen Fahrwasser schwimmend, die neu hinzukommenden Probleme seiner Unternehmung oder seines Bereichs nicht erkennen und lösen könnte.

3. Gewinnung empirisch gehaltvoller Informationen zur Gestaltung unternehmungsindividueller Modelle

Ein weiteres, wichtiges Problem ist die Beschaffung jener Informationen, die für die Gestaltung und Verbesserung der Problemerkennungs- und Problemlösungsmodelle notwendig sind. Diese Informationsbeschaffung muß von jener, die mit der Benutzung geschaffener Modelle in Verbindung steht, getrennt werden. Dabei ist die Beschaffung von faktischem Wissen für die Modellbenutzung oft leichter zu lösen, weil hier nur entsprechend den Diagnose-, Prognose- bzw. Entscheidungsmodellen die Informationserfassung zweckmäßig zu gestalten ist. Demgegenüber kann zwischen einem auf Zielerreichung ausgerichteten Verhalten einer Unternehmung und den Aufgaben der Modellformulierung und Hypothesenüberprüfung ein unüberbrückbarer Gegensatz bestehen. Das Überprüfen von Hypothesen und Modellen verlangt Versuche, um die Grenzen dieser Aussagen und Aussagensysteme aufzeigen zu können. Dieser Aufgabe kann man grundsätzlich nur dann gerecht werden, wenn eine Plannichterfüllung, d. h. ein Falsifikationsversuch bewußt angestrebt werden würde. Im normalen Ablauf der Wirtschaftspraxis wird man demgegenüber alles versuchen, um geschlossenen Plänen zu einer erfolgreichen Realisierung zu verhelfen, d. h. man tut alles, um ihr Scheitern zu verhindern. Damit dient die Unternehmung ihrer Erfolgsbestimmung, arbeitet aber zugleich gegen eine Verbesserung ihres empirischen Wissens.

Es stellt sich daher die Frage, wie den Informationsbedürfnissen für die Modellgestaltung entsprochen werden kann. Überträgt man die Aufgaben der Modellbildung und Hypothesenüberprüfung gesonderten wissenschaftlichen Gruppen bzw. Institutionen, so erreicht man zwar einerseits die formalen Testbedingungen, nicht aber den realen Sachbezug. Übernimmt die Unternehmung in gleicher Weise wie bisher die Aufgabe, so ist zwar andererseits der sachliche Bezug zur wirtschaftlichen Realität gesichert, nicht aber der Bedingungskranz für ein erfolgreiches Überprüfen und Testen von Modellen und Hypothesen. Die bewußte Gestaltung von Entscheidungssystemen in Unternehmungen wirft also auch hier neue, grundsätzliche Fragestellungen für die Unternehmung und ihre organisatorische Gestaltung auf, die gelöst werden müssen, um aus diesem Dilemma herauszufinden.

E. Computer sind Mittel und nicht Objekte der Systemgestaltung

Die aufgezeigten speziellen Probleme, die bei der Gestaltung computer-gestützter Entscheidungssysteme bewältigt werden müssen, werden bewußt stärker auf die sachlichen Informations- als auf die computertechnischen Probleme hin ausgerichtet. Von den letzteren wird gewöhnlich gesprochen, wenn informationstechnologische Fragen diskutiert werden. Gerade heute scheint es aber - nach den schon vorliegenden Erfahrungen - wichtig zu sein, die informationellen Sachprobleme in den Vordergrund zu rücken und die computertechnischen Fragen auf ihren informationellen Charakter zurückzuführen. Bei der Gestaltung von Informations- und Entscheidungssystemen sollten immer zuerst die Sachprobleme der Unternehmungen betrachtet und dann erst die Frage erörtert werden, ob und wie Datenverarbeitungsanlagen für eine wirksamere und wirtschaftlichere Lösung angewendet werden können: Nicht der Computer soll möglichst umfassend eingesetzt werden, sondern unsere Probleme sollen, wo immer möglich, mit seiner Unterstützung besser gelöst werden.

Literaturverzeichnis

Amstutz, Arnold E. : Structuring the Management Environment - The Information System Design Process. MIT Working Paper 365-69.

Anthony, Robert N.; Dearden, John; Vancil, Richard F. : Management Control Systems. Cases and Readings. Homewood (Ill.) 1965.

Blumenthal, Sherman C. : Management Information Systems. A Framework for Planning and Development. Englewood Cliffs (N. J.) 1969.

Chestnut, Harold: Systems Engineering Methods. New York - London - Sidney 1967.

Deming, Robert H. : Characteristics of an Effective Management Control System in an Industrial Organization. Boston (Mass.) 1968.

Eder, W. E. : Definitions and Methologies. In: The Design Method. Hrsg. von Gregory, S. A. , London 1966, S. 19 - 31.

Edwards, Ward: Men and Computers. In: Psychological Principles in System Development. Hrsg. von Robert M. Gagné, Arthur W. Melton. New York 1966.

Enger, Norman L. : Putting Management Information Systems to Work. Managing the Management Information System. AMA;New York 1969.

Emory, C. William; Niland, Powell: Making Management Decisions. New York 1966.

Gagné, Robert M. (ed.): Psychological Principles in System Development. New York - Chicago - San Francisco - Toronto - London 1961.

Gallagher, James D. : Management Information Systems and the Computer. AMA Research Study No. 51; 2nd print. New York 1961.

Greenwood, William T. (ed.): Decision Theory and Information Systems. Cincinnatti (Ohio) 1969.

Harvey, Allan: Factors Making for Implementation Success and Failure. In: Management Science. Vol. 16. 1970. No 6, S. B 312 - B 230.

Heinen, Edmund: Das Zielsystem der Unternehmung. Wiesbaden 1964.

Pounds, W. F. : The Process of Problem Finding. In: Industrial Management Review. Fall 1969, S. 1 - 19.

Schoderbek, Peter P. (ed.): Management Systems. New York - London - Sidney 1967.

Simon, Herbert A. : Model of Man. New York 1957.

-: Perspektiven der Automation für Entscheider. Quickborn 1966.

Szyperski, Norbert: Management Science and Management Information Systems. In: IAG Journal, Vol. 2, 1969 No. 4, S. 81-95.

Witte, Eberhard: Die Organisation komplexer Entscheidungsverläufe-
  ein Forschungsbericht. In: ZfbF, 20. Jg. , Heft 9, 1968. S. 581-599.
-: Phasen-Theorem und Organisation komplexer Entscheidungsver-
  läufe. In: ZfbF, 20. Jg. , Heft 10, Okt. 1968. S. 625-647.

B. Erfahrungsberichte aus der Wirtschaftspraxis über geplante, entwickelte und bereits implementierte Entscheidungssysteme

I. Simulationsmodelle und ihr Einsatz
zur Informationsgewinnung

Das Monte-Carlo-Simulationsmodell
für das NWO-Pipeline-Tanklager in Wilhelmshaven

— Erfahrungsbericht —

Von

Dipl.-Ing. C. Kopke
ESSO AG, Hamburg

Inhalt

Einleitung

In diesem Beitrag wird eine Anwendung der Warteschlangentheorie diskutiert als Beispiel einer computergestützten Unternehmensentscheidung.

A. Problem

Das hier behandelte Modell sucht eine Antwort auf die folgende Aufgabenstellung:

Die von der Nord-West Oelleitung GmbH (NWO) betriebene Pipeline von Wilhelmshaven nach Köln (Wesseling) versorgt sechs verschiedene Raffinerien mit bis zu 20 verschiedenen Rohölen, die in Tankern verschiedener Größe zwischen 20.000 und über etwa 200.000 t Tragfähigkeit angeliefert werden (vgl. Abb. 1). Von der Pipelinegesellschaft wird in Wilhelmshaven ein großes Tanklager betrieben, das z. Zt. aus 26 Tanks mit je 30.000 m^3 Fassungsvermögen besteht.

Es galt die Frage zu beantworten, wieviel Tankraum das Lager benötigt und ob der Bau einer weiteren Löschbrücke gerechtfertigt ist, wenn für die Zukunft mit bestimmten Durchsatzsteigerungen, bestimmten Tankergrößen und einer bestimmten Anzahl von Rohölen gerechnet wird. Dabei handelt es sich um das klassische Problem, bei dem Wartestunden gegen Investitionen gerechnet werden. Der Gegenstand der Untersuchungen war ein Investitionsbetrag in der Größenordnung von etwa 20 Mio DM.

Da für die Aufgabestellungen dieses Typs analytische Ansätze bisher nicht bekannt geworden sind, wurde zum Hilfsmittel der Simulation gegriffen und ein stochastisches Simulationsmodell gebaut, in dem die realen Bedingungen bei der Zufahrt der Schiffe, die Arbeiten im Tanklager und die Beschickung der Pipeline wirklichkeitsgetreu abgebildet wurden.

B. Darstellung der gegenwärtigen Situation

Die Schwierigkeiten für die Entwicklung eines analytischen Ansatzes sind insbesondere dadurch bedingt, daß die Tanker bei ihrer Fahrt von Weser-Feuerschiff nach Wilhelmshaven-Reede mit erheblichen

WILHELMSHAVEN
· Wieviel Tankraum?
· Wieviel Brücken?
Scholven
Lingen
Esso Köln
BP Dinslaken
Fina Duisburg
Union Wesseling

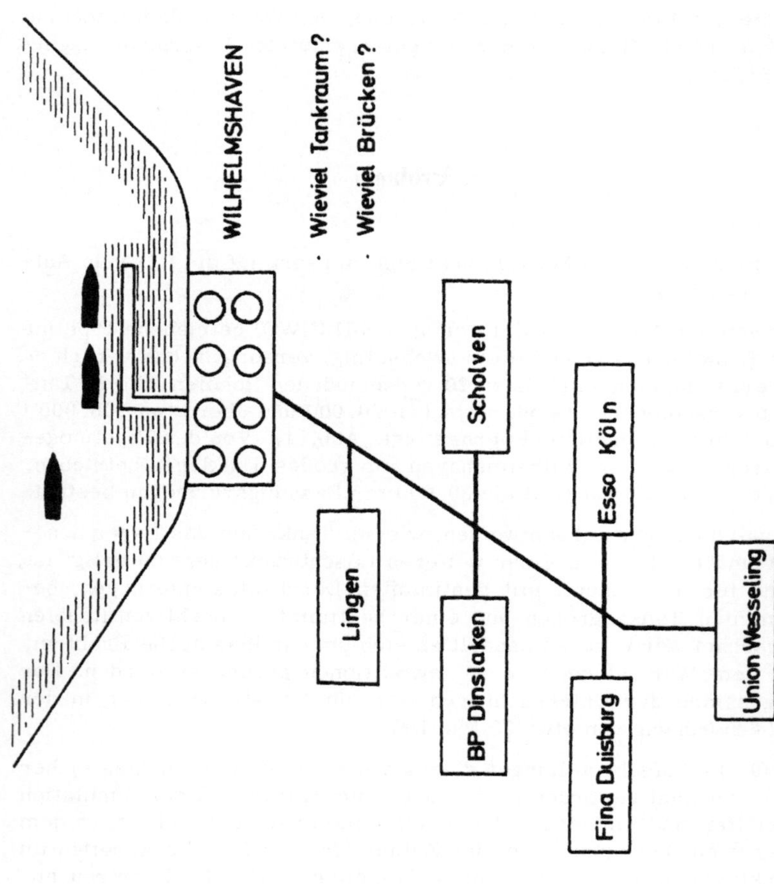

Abb. 1

Komplikationen konfrontiert werden (vgl. Abb. 2). Zwischen Weser-
Feuerschiff und Wilhelmshaven-Reede lassen die Fahrwasserverhält-
nisse nur für Tanker von weniger als 70. 000 t Tragfähigkeit jederzeit die Durchfahrt zu. Tanker ab 70. 000 t Tragfähigkeit können diesen Engpaß nur in der Zeit von zwei Stunden vor Hochwasser bis
Hochwasser passieren. Bei Tankern über 90. 000 t Tragfähigkeit muß
noch zusätzlich die Möglichkeit bestehen, sie sofort zu entladen, was
wiederum bedeutet, daß freie Brücken- und Tankraumkapazitäten
vorhanden sein müssen. Andererseits würden Tanker dieser Größe
bei einsetzender Ebbe auf Grund laufen. Es bilden sich somit mehrere Warteschlangen: Einmal bei Weser-Feuerschiff, wo die 50. 000
bis 90. 000 Tonner auf Durchfahrt, die über 90. 000 Tonner auf Durchfahrt und freie Tank- bzw. Brückenkapazität warten, zum anderen vor
Wilhelmshaven-Reede, wo die unter 70. 000 t großen Tanker auf Entladung warten können. Grundsätzlich gilt als Entladungsregel, daß
derjenige entladen wird, der bei Weser-Feuerschiff zuerst angekom-
men ist, ohne Rücksichtnahme auf Gesellschaft, Schiffsgröße oder
Rohölart.

Bei den Arbeiten im Tank-Lager mußte berücksichtigt werden, daß
in einem Tank zwei Rohöle verschiedener Dichte gelagert werden
können. Das geschieht so, daß zunächst ein leichtes Rohöl in einen
Tank eingelagert wird und unter dieses ein schweres Rohöl gelagert
werden kann, wenn die Dichtedifferenz einen bestimmten Grenzwert
überschreitet. Für die sukzessive Befüllung der einzelnen Tanks
wurde nach dem Grundsatz verfahren, eine größtmögliche Flexibilität in der Tank-Farm zu erhalten, d. h., erst werden teilweise gefüllte Tanks mit demselben Rohöl befüllt, dann leere Tanks, dann
teilweise gefüllte Tanks, welche die gleiche Untersorte enthalten wie
das auf Entladung wartende Schiff und dann Tanks, die ein leichtes
Rohöl enthalten, unter das ein schwereres geschichtet werden kann.
Bei der Entleerung der Tank-Farm wird umgekehrt verfahren und
die Rohöle werden entsprechend den Anforderungen durch die Raffinerien verpumpt.

C. Modell

Bei der modellmäßigen Beschreibung dieser Zusammenhänge wurde
ein zweigeteiltes Modell aufgebaut. Der erste Teil, der Schiffsan-
kunftgenerator, behandelt alles bis zur Ankunft der Tankschiffe an
Weser-Feuerschiff. Der zweite Teil beschreibt die Manöver im Jadebusen die Entladung der Tanker, die Befüllung des Tanklagers sowie
die Beschickung der Pipeline. Das Modell kennt grundsätzlich nur
Rohölsorten, Tankergrößen und Pipeline-Durchsätze (vgl. Abb. 3).

WESER
Feuerschiff
Wangerooge
NWO
JADE BUSEN
Pipeline Wilhelmshaven – Köln

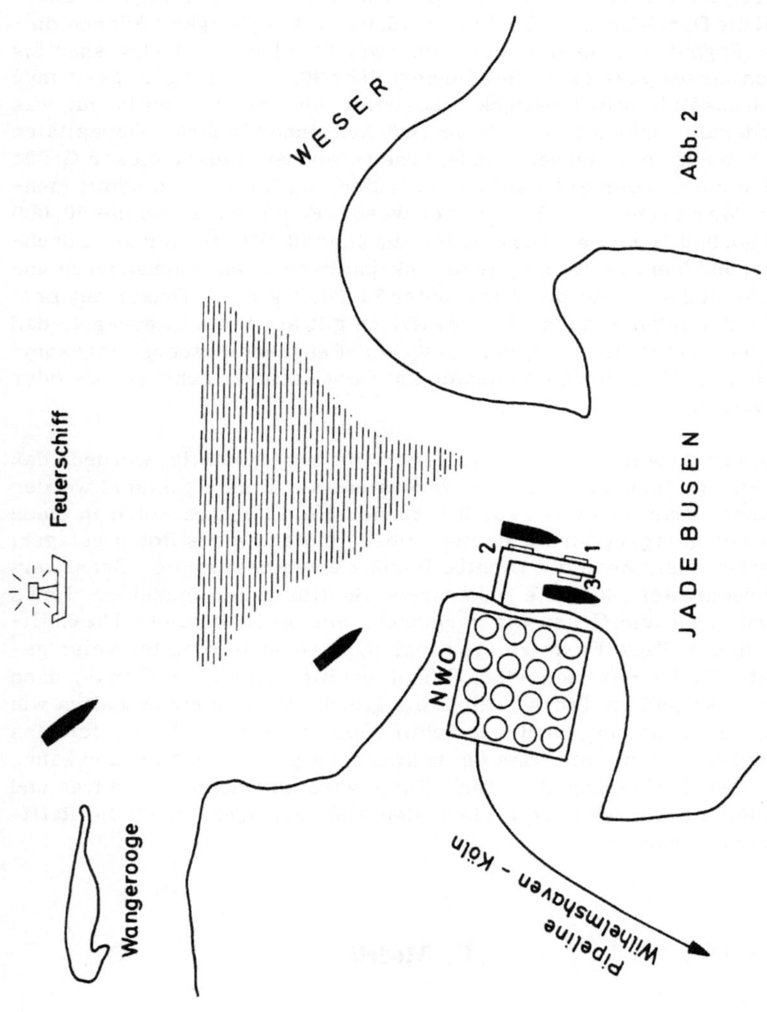

Abb. 2

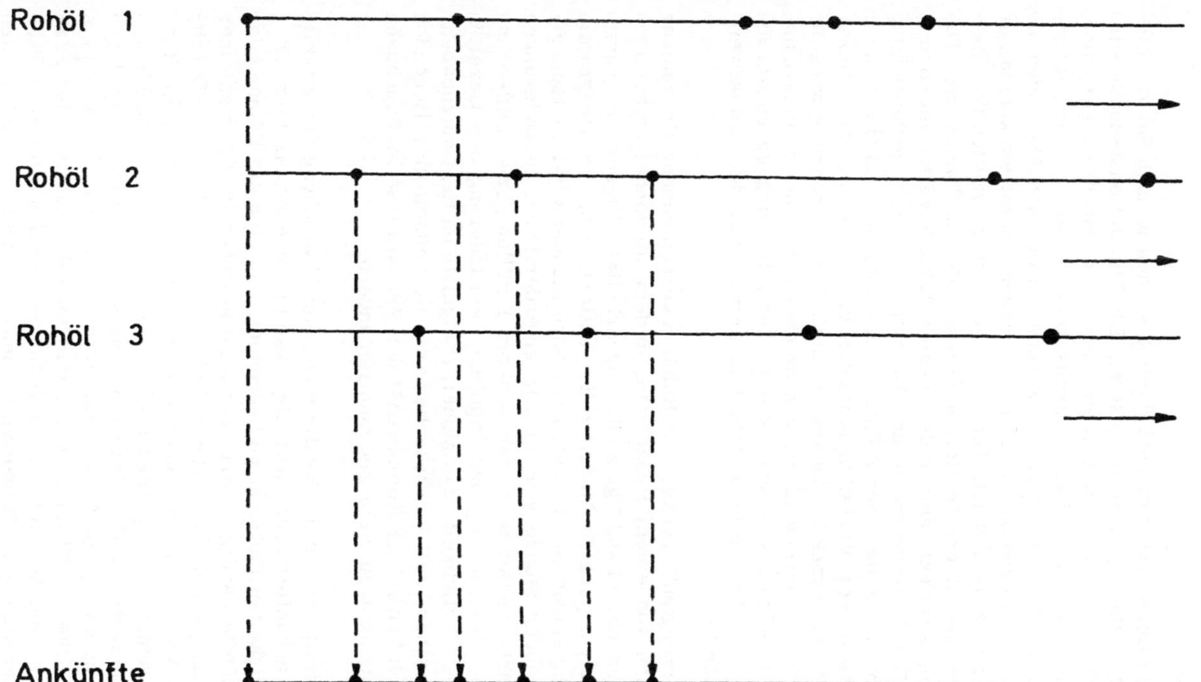

Abb. 3: Erzeugung der Schiffsankünfte

Die einzelnen Gesellschaften werden bei den Operationen nicht berücksichtigt.

In der mineralölverarbeitenden Industrie werden je nach Saison Rohöle verschiedener Qualität eingesetzt. Die Simulationsperiode wird nun so gewählt, daß für sie mit einem konstanten Durchsatz gerechnet werden kann. Mit Hilfe dieser Durchsatzwerte kann bei vorgegebener Tankergröße sofort bestimmt werden, in welchen Abständen die Tankschiffe idealerweise ankommen müssen, damit ein konstanter Durchsatz gewährleistet ist. Die effektiven Ankunftszeiten der Tanker weichen selbstverständlich von dieser idealen Planung ab. Die Abweichung der effektiven von den idealen Ankunftszeiten ist normal verteilt. Die Verteilungsfunktion läßt sich aus Vergangenheitsdaten bestimmen. Mit Hilfe eines Zufallszahlengenerators wird nun unter Verwendung dieser Verteilungsfunktion bestimmt, welcher Tanker wieviel zu früh, respektive zu spät kommt. Diese Rechnung wird für jede Rohölsorte durchgeführt, von welcher der in der Simulationsperiode gültige Durchsatz sowie die Tankerflotte vorgegeben werden (vgl. Abb. 4). Auf diese Weise erhält man eine Folge der "effektiven" Tankerankünfte.

Die so "erzeugten" Tanker mit Rohölen verschiedener Provenienz werden dann von einem Programm, in dem die vorher erläuterten Bedingungen berücksichtigt sind, abgearbeitet. Dieses Programm ist in dem vorgelegten Modell zeitorientiert, d. h., im Programm ist eine Uhr eingebaut, die beispielsweise stundenweise fortschreitet. Nach jeder Stunde werden alle erforderlichen Veränderungen durchgeführt, wie Bewegung der Tanker, Befüllung bzw. Entleerung der Tanks, Beschickung der Pipeline, Veränderung der Gezeiten etc. Von der Möglichkeit, das Modell ereignisorientiert aufzubauen, wurde abgesehen, weil sich zwischen zwei weit auseinanderliegenden Tankerankünften bei der Komplexität der Verhältnisse im Jadebusen und im Tanklager zu viele Bedingungen ändern.

Schwierigkeiten macht die Bestimmung der Abweichung der effektiven Tankerankünfte von den geplanten aus Vergangenheitszahlen. Diese Schwierigkeiten sind dadurch begründet, daß sich die Planung der Tankerankünfte ständig ändert. Zunächst bestehen im Rahmen einer Jahresplanung Vorstellungen über Tankergrößen und Pipeline-Durchsätze, die Vierteljahresplanung verfeinert diese Angaben. Im Rahmen einer Monatsplanung werden effektive Tanker, deren Größe und die transportierten Rohöle eingeplant. Die Monatsplanung wird durch eine Wochenplanung modifiziert und diese dann schließlich durch ein "day to day scheduling" verfeinert. Somit heißt die Auskunft der Praxis, daß es eine Abweichung der geplanten von den effektiven Tankerankünften nicht gibt. Dennoch stimmen die Zwischenankunftszeiten der Tanker nicht mit einer auf konstantem Durchsatz geplanten Ankunft überein.

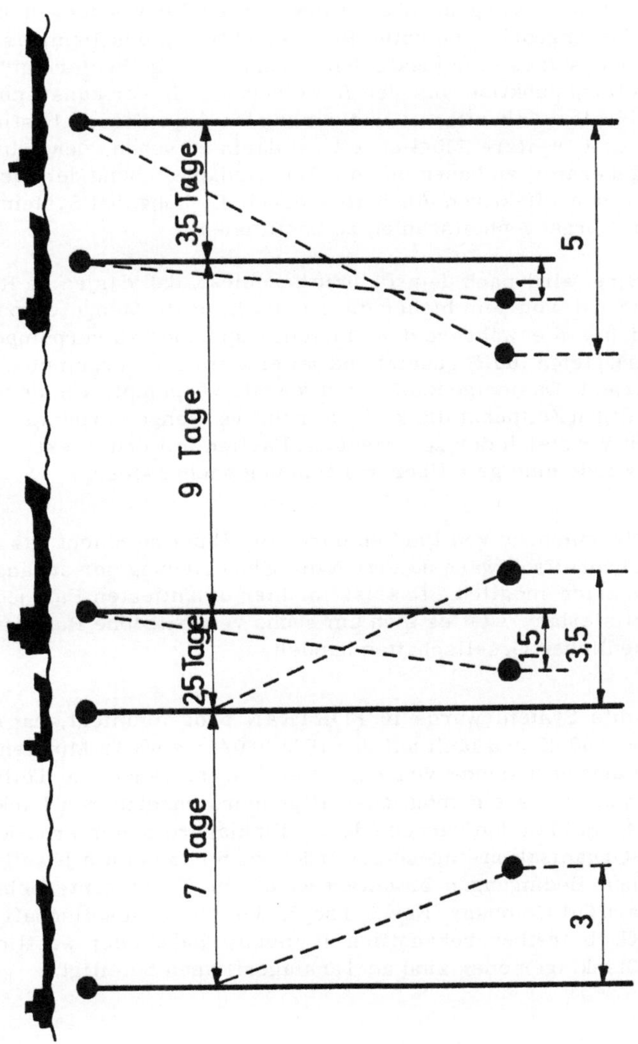

Abb. 4

Für dieses Problem bieten sich mehrere Lösungen an:

Einmal kann den Vergangenheitszahlen unter Verwendung der bekannten Tankergrößen und unter Berücksichtigung des Prinzips konstanten Durchsatzes eine ideale Schiffsankunftsfolge "unterlegt" und die Verteilungsfunktion aus den Abweichungen dieser künstlich erzeugten idealen Ankunftszeit und der realen Ankunftszeit bestimmt werden. Eine weitere Möglichkeit ist darin zu sehen, den Schiffsankunftsgenerator zu bauen und die Standardabweichung der idealen gegenüber den effektiven Ankünften durch Eichung des Systems an effektiven Vergangenheitszahlen zu bestimmen.

Die Pipeline wird nach dem Prinzip beschickt, daß dasjenige Rohöl verpumpt wird, von dem bisher die relativ kleinste Menge verpumpt wurde, d. h., die während der Simulationsperiode zu verpumpende Menge wird gleich 100 % gesetzt und jeweils um den verpumpten Betrag reduziert. Dasjenige Rohöl wird jeweils verpumpt, von dem bis zum jeweiligen Zeitpunkt die kleinste relative Menge verpumpt wurde. Durch Vergleich der so erzeugten Partien mit den effektiv verpumpten wurde eine gute Übereinstimmung nachgewiesen.

Mit der Verpumpung von Partien durch die Pipeline bricht das Modell ab. Theoretisch wäre natürlich die Einbeziehung der anhängenden Raffinerien möglich. Das ist im hier diskutierten Fall jedoch nicht realisierbar, weil es sich um sechs verschiedene Raffinerien unterschiedlicher Gesellschaften handelt.

Das gesamte System wurde in FORTRAN programmiert, hat eine Größe von 160 K und läuft auf der IBM 360/65 etwa 12 Minuten bei einer Simulationsperiode von ca. zwei Jahren. Der erste Teil des Systems wurde als ein möglichst allgemein einsetzbares Package entwickelt, was bei den verschiedenen Tanklagern der internationalen ESSO-Organisation eingesetzt werden kann und um die jeweiligen spezifischen Bedingungen erweitert wird. Die Tochterunternehmen der Standard Oil Company (New Jersey), der Muttergesellschaft der ESSO A. G. betreiben bekanntlich in vielen Ländern der westlichen Welt Großtanklager oder sind an Tanklagerfirmen beteiligt.

D. Einsatz

Beim Einsatz des Modells wird zunächst von einem Basisfall ausgegangen und dabei die sich über die Simulationsperiode kumulierenden Wartestunden je Tankergröße wegen

    a) fehlender Brückenkapazität
    b) fehlenden Tankraumes und
    c) wegen der Gezeiten

aufgelistet.

Durch "Vorgabe" zusätzlicher Tanks bzw. Brücken werden dann die Veränderungen der Wartestunden studiert. Die ermittelten Wartestunden wurden den einzelnen Gesellschaften zur Verfügung gestellt, die dann mit Hilfe dieser Zahlen ihre Meinungen zur vorgeschlagenen Investition bildeten. Ein Austausch der Kosten für Tankwartestunden wurde aus grundsätzlichen Gründen abgelehnt.

Modelle dieses Typs, die letztlich für eine einzige Fragestellung erstellt werden, lohnen sich nur, wenn eine Investition entsprechender Größe dahintersteht. Der Aufwand für die Erstellung eines solchen Systems muß mit mindestens drei Mann-Jahren erfahrener OR-Analytiker veranschlagt werden.

Der Bau eines solchen Modelles setzt eine intime Kenntnis der durch die Simulation wiedergegebenen realen Verhältnisse voraus. Im hier diskutierten Falle wurde daher ein enger Kontakt mit der Nord-West-Oelleitung GmbH dadurch erreicht, daß der technische Geschäftsführer als ständiger Berater der Modellbaugruppe zur Verfügung stand.

Die Schwierigkeiten, solche Modelle an die Geschäftsleitung weiterzugeben und sie von der Richtigkeit zu überzeugen, sind hinlänglich bekannt. Aus einer Gruppe von Tests, die erforderlich waren, ehe die ermittelten Ergebnisse als Basis der Entscheidungsfindung akzeptiert wurden, sei der hier wiedergegebene herausgegriffen (vgl. Abb. 5). Hier sind für ein dreiviertel Jahr die Wartestunden der Tanker als Folge fehlenden Tankraumes aufgetragen. Bei Vorgabe des Durchsatzes sowie der Tankerflotte konnten mit dem Modell für die gleiche Zeitperiode die durch diese Kurve ermittelten Werte bestimmt werden.

Von entscheidender Bedeutung für den Einsatz derartiger Modelle ist die Güte der vorgegebenen Werte für die Menge der durchzusetzenden Rohöle sowie der Größe der anzulandenden Tanker. Die Durchsätze werden in der ESSO A. G. mittels linearer Planungssysteme, die den gesamten europäischen Raum umfassen, vorgegeben. Für die Planung der Tankerflotte bedient man sich bei der Muttergesellschaft der ESSO A. G. eines Simulationsmodelles, welches den Nahen Osten, den Mittelmeerraum und den atlantischen Ozean umfaßt.

Wartestunden in 100
10
9
8
7
6
5
4
3
2
1
TANKRAUMWARTESTUNDEN
je Monat in Abhängigkeit vom durchschnittlichen Befüllungsgrad (Jan.-Okt.1968)
effektiv
6 = 3,4
6 = 7,5
durchschnittl. Befüllungsgrad
in %
50
60
70
80

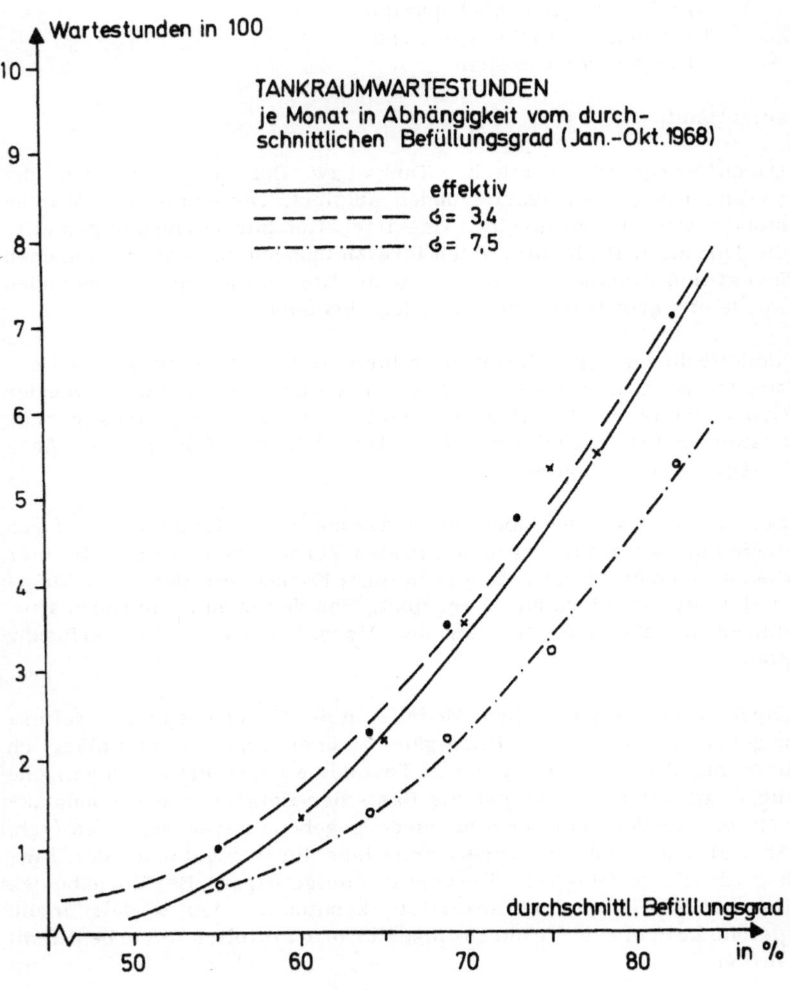

Abb. 5

Kapazitätsermittlung durch Simulation

— Erfahrungsbericht —

Von

N. Ordemann

Henkel & Cie. GmbH, Düsseldorf

Inhalt

A. Einführung

Die Firma Henkel erwägt seit einiger Zeit den Einsatz von Prozeß-
rechnern in ihrem Betrieb. Man erwartet, dadurch einen höheren
Nutzungsgrad technischer Systeme zu erzielen.

Vor einer Änderungsinvestition sollte das Verhalten der zu steu-
ernden Systeme genau untersucht werden. Bisher hat man zwar deren
Leistungsdaten ermittelt; man konnte jedoch auf Grund dieser Werte
z. B. nicht angeben, wo die Grenze der Leistungsfähigkeit der Systeme
liegt und welche Systemkomponenten die Kapazität eines Gesamtsystems beschränken.

Im folgenden wird ein System beschrieben, für das der Einsatz eines
Prozeßrechners ins Auge gefaßt war. Im Anschluß daran wird die
Entwicklung eines Systemmodells erläutert, mit dem das Systemverhalten simuliert wurde. Danach werden die Ergebnisse der Simulation und die daraus gezogenen Schlußfolgerungen diskutiert.

B. Beschreibung des Systems und seiner Arbeitsweise

Gegenstand der Untersuchung ist ein umfangreiches Transportsystem,
in dem Waschmittelrohstoffe in Pulverform von einer Quelle - 4 Silos,
die aus Waggons beschickt werden - über etwa 30 Fördergeräte -
Bänder und Elevatoren - und drei Verteilerbunker zu einer Reihe von
11 Entnahmebunkern gefördert werden, aus denen Bandwaagen als
Endverbraucher ihren Bedarf befriedigen.

Der Umfang des Systems, das in Abb. 1 schematisch dargestellt ist,
sei durch folgende Angaben charakterisiert:

    Gesamtsumme der im System enthaltenen
    Förderstrecken   ca. 500 m

    größte Förderstrecke einschl. Steig- und
    Fallstrecken   ca. 340 m

    kürzeste Strecke   ca. 115 m

    Transportzeit eines Teilchens ohne Ver-
    weilzeit in den Bunkern über die längste
    Strecke   ca. 8 min

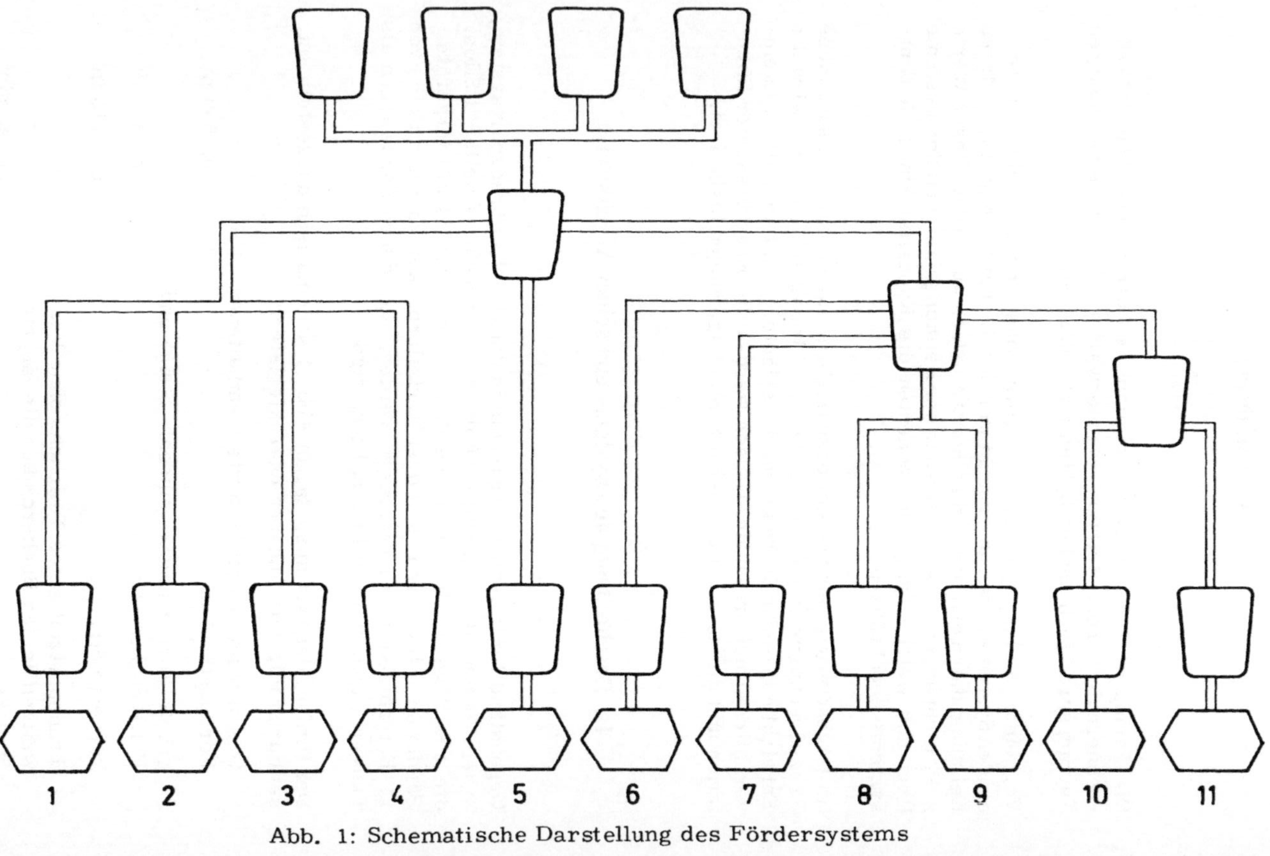

Abb. 1: Schematische Darstellung des Fördersystems

Zeit für die kürzeste Strecke ca. 3 min

mittlere Fördergeschwindigkeit ca. 0,7 m/sec

Das System wird täglich in zwei Schichten betrieben. Während dieser Zeit sind nicht immer alle Verbraucher gleichzeitig tätig; es gibt eine bestimmte Anzahl von Kombinationen aktiver Verbraucher. Die möglichen Kombinationen - soweit sie für die Untersuchung des Systems relevant waren - und die Häufigkeiten ihres Auftretens sind in Abb. 2 dargestellt. Der Bedarf der einzelnen Verbraucher schwankt produktionsbedingt; Abb. 3 zeigt als Beispiel die Verteilung des Bedarfs bei einem Verbraucher.

Der Füllstand der Bunker steuert das Ein- und Ausschalten der Förderglieder des Systems:

Sinkt der Inhalt eines Bunkers unter einen einstellbaren Vergleichswert - die Zufuhreinschaltgrenze -, so werden alle Förderglieder, die diesen Bunker mit dem nächsten vor ihm liegenden verbinden, eingeschaltet und dessen Schieber geöffnet. Der Schieber wird geschlossen und die Förderstrecke abgeschaltet, wenn der dieser Strecke nachgeschaltete Bunker einen bestimmten Maximalfüllstand - die Zufuhrausschaltgrenze - erreicht hat.

Einige Bunker besitzen teilweise gemeinsame Zufuhrstrecken. An diesen Stellen sind verschiebbare Bänder installiert, die je nach Bedarf für eine der nachfolgenden Strecken tätig sein können. Die Steuerung dieser Verzweigung wird manuell vorgenommen.

C. Fragestellung und Beschaffung von Daten für die Untersuchung

Die Simulation sollte Aufschluß darüber geben, wie groß die Kapazität des Gesamtsystems unter dem gegenwärtigen Zustand ist. Außerdem war zu klären, welche Systemkomponenten dafür verantwortlich sind, daß die Verbraucher gelegentlich ihren Bedarf nicht decken können. Schließlich sollte durch die Simulation eine Betriebsstrategie für das System ermittelt werden, die für die weitere Zukunft ausreichend ist.

Für die Untersuchungen mußten die technischen Daten der Systemkomponenten (Förderleistungen, -geschwindigkeiten, Streckenlängen, Bunkerkapazitäten) zusammengetragen sowie Statistiken über das Verhalten der Verbraucher aufgestellt werden. Die Anforderungen

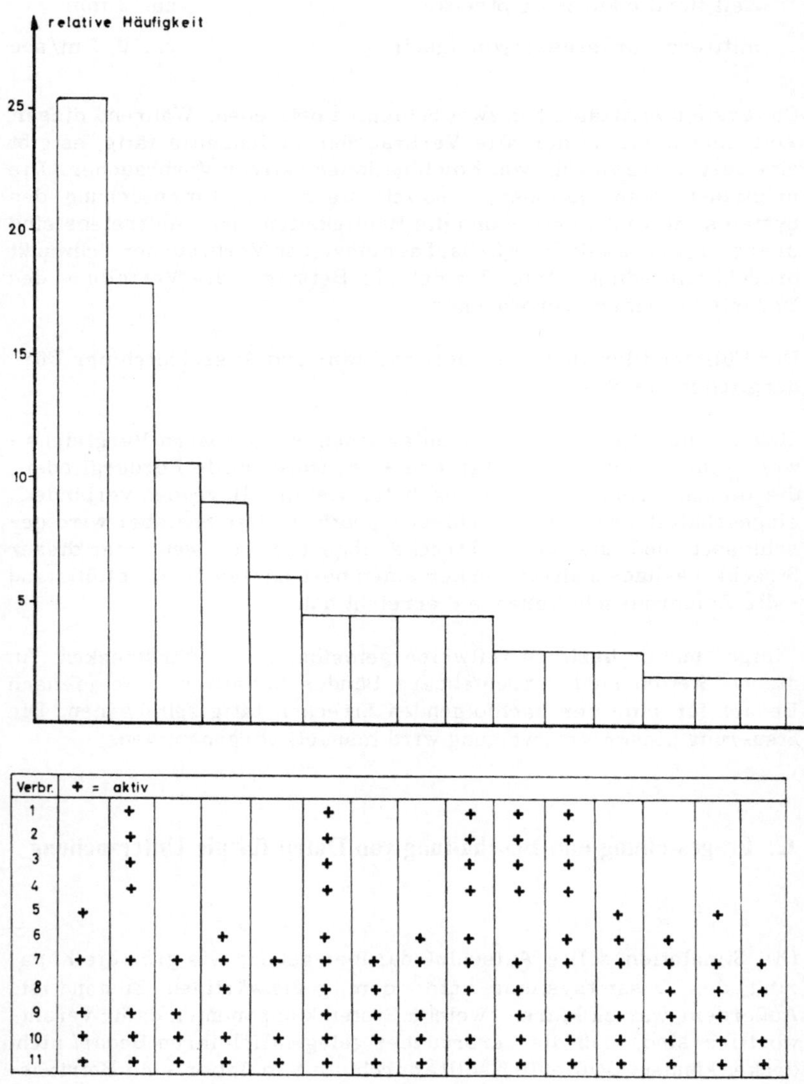

Abb. 2: Verteilung der Kombinationen aktiver Verbraucher

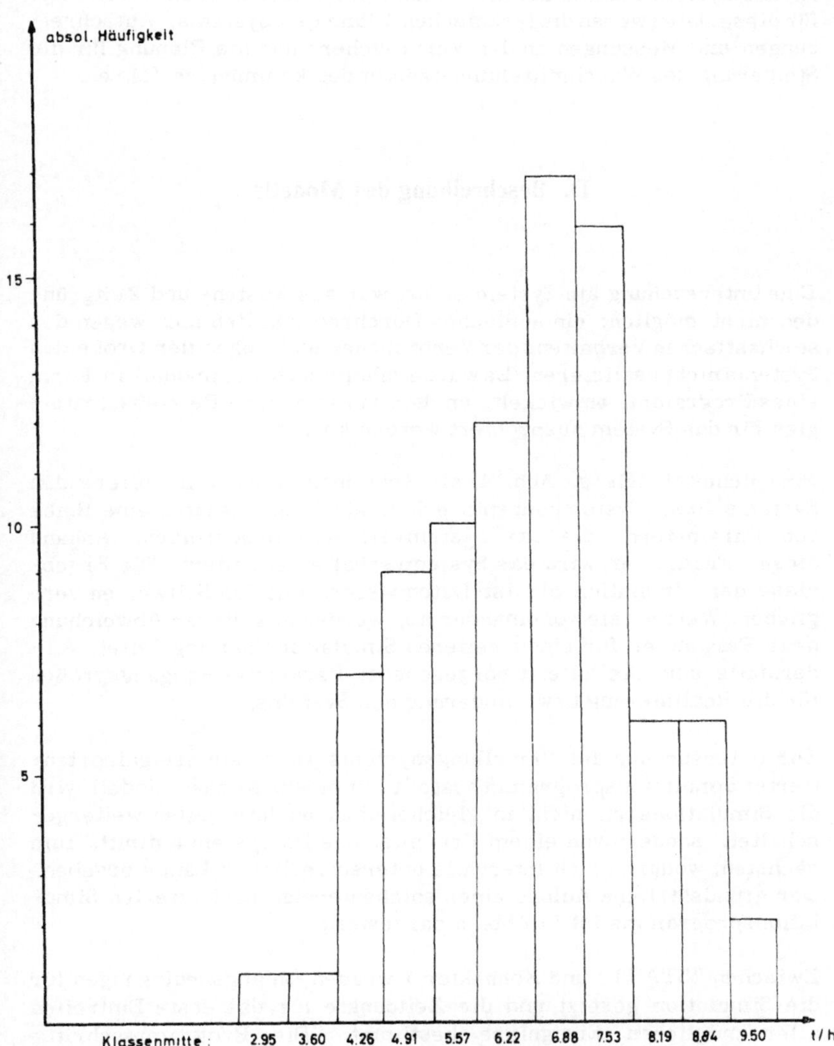

Abb. 3: Entnahmeverteilung von Verbraucher Nr. 6 (1/4-Std. -Mittel)

an das System mußten auf die Zukunft projiziert werden. Grundlage
für diese Daten waren die technischen Pläne des Systems, Aufschrei-
bungen und Messungen an den Verbrauchern und die Planung für die
Steigerung des Waschmittelumsatzes in den kommenden Jahren.

D. Beschreibung des Modells

Eine Untersuchung am System selbst war aus Kosten- und Zeitgrün-
den nicht möglich; ein einfaches Durchrechnen ließ sich wegen des
stochastischen Verhaltens der Verbraucher und wegen der Größe des
Systems nicht realisieren. Es wurde daher ein Systemmodell in Form
eines Programms entwickelt, an dem verschiedene Betriebsstrate -
gien für das System ausprobiert werden können.

Ein solches Modell (s. Abb. 4) als Abbildung eines zu simulierenden
Systems bzw. Systemkonzepts erhält als Eingangsdaten eine Reihe
von Parametern, die das Systemverhalten beschreiben. Anhand
dieser Parameter wird das Systemverhalten simuliert. Die Ergebnisse der Simulation als Ist-Daten werden mit den Sollwerten verglichen. Weichen sie voneinander ab, werden aus dieser Abweichung
neue Parameter für einen weiteren Simulationslauf abgeleitet. An -
dernfalls sind die zuletzt vorgegebenen Parameter Ausgangsgrößen
für die Realisierung bzw. Änderung des Systems.

Zur Untersuchung des Verteilungssystems wurde ein ereignisorien-
tiertes Simulationsprogramm erstellt. In einem solchen Modell wird
die Simulationszeit nicht in gleichbleibenden Intervallen weitergeschaltet, sondern von einem Ereignis, das im System auftritt, zum
nächsten, wodurch sich Intervalle unterschiedlicher Länge ergeben.
Der grundsätzliche Aufbau eines solchen ereignisorientierten Simulationsprogramms ist in Abb. 5 dargestellt:

Zwischen "START" und Konnektor 1 werden Anfangsbedingungen für
die Simulation gesetzt und die Zeitpunkte für das erste Eintreffen
aller möglichen Ereignisse bestimmt. Die Programmschritte
zwischen den Konnektoren 1 und 2 dienen der Vorbereitung des Simulationszyklus: Die Simulationszeit wird bis zum nächsten eintreffenden Ereignis weitergeschaltet; die zu diesem Zeitpunkt eintreffenden
Ereignisse werden bestimmt (für diese wird $t_i = 0$). Zwischen den
Konnektoren 2 und 3 liegt der eigentliche Simulationszyklus: Die
Vorgänge, die seit dem letzten Durchlaufen dieses Zyklus im System
abgelaufen sind, werden nachvollzogen und statistisch ausgewertet;
danach wird für die Ereignisse der Zeitpunkt ihres nächsten Ein-

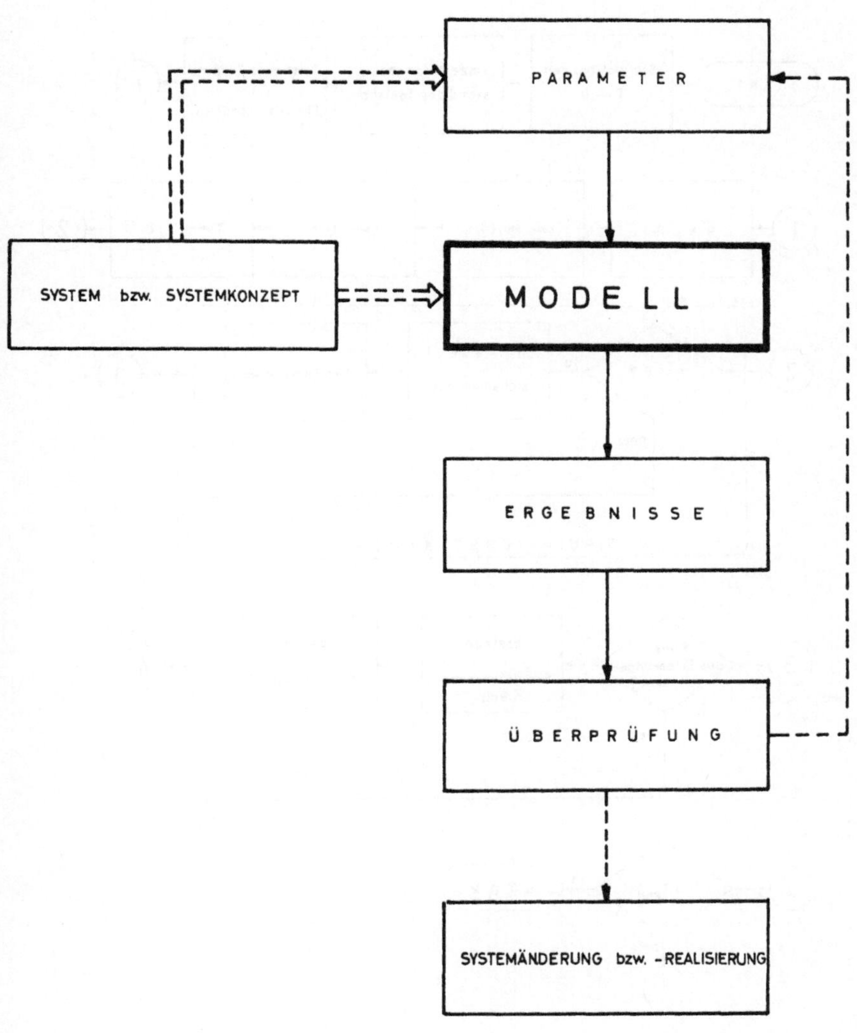

Abb. 4: Simulation als Entscheidungshilfe

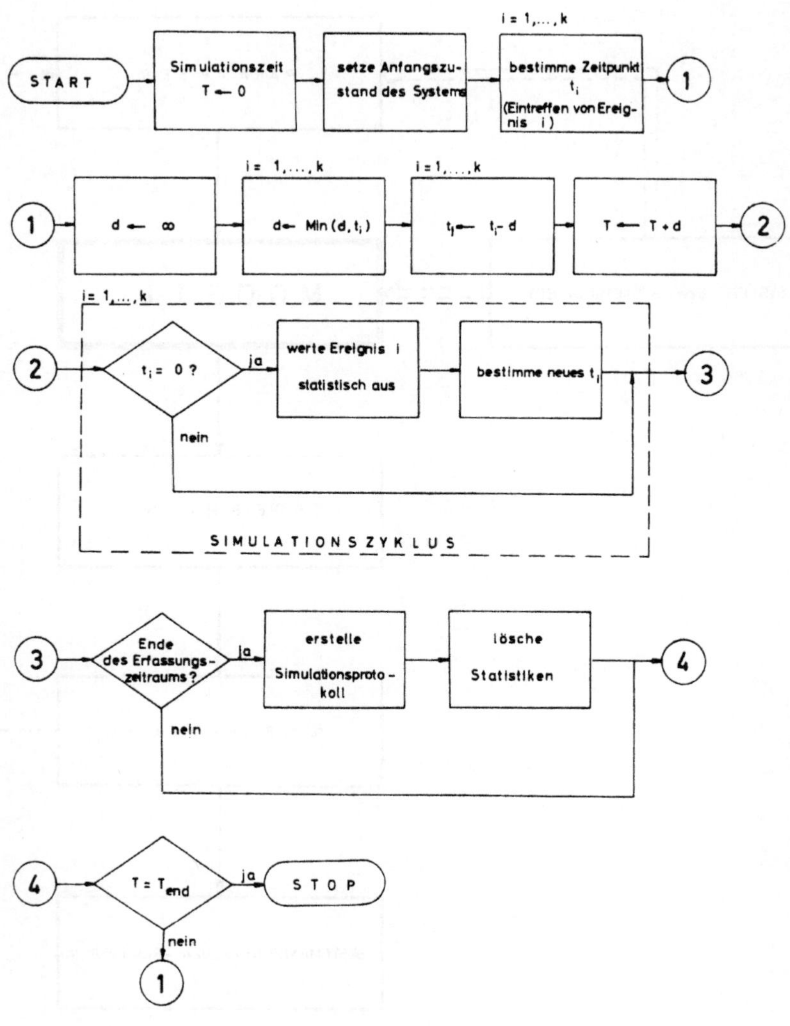

Abb. 5: Aufbau eines ereignisorientierten Simulationsprogramms

treffens bestimmt. Nach Ablauf des Zyklus wird ggfs. ein Simulationsprotokoll erstellt und die Statistiken, die nur Daten über den letzten Erfassungszeitraum enthalten, in den Grundzustand versetzt. Im letzten Programmzweig findet eine Prüfung statt, ob der zu simulierende Zeitraum abgelaufen ist. Wenn dieser Zeitraum noch nicht erreicht ist, beginnt der Ablauf wieder bei der Vorbereitung für den Simulationszyklus, anderenfalls wird das Programm beendet.

In dem Modell des Fördersystems sind Systemkomponenten und -topologie in Form von Tabellen, das Verhalten der Verbraucher durch Häufigkeitsverteilungen beschrieben; aus diesen werden mit Hilfe eines Zufallszahlengenerators die Kombination der gerade tätigen Verbraucher und die Werte für deren Bedarf ermittelt. Leistungsdaten der Fördergeräte, Zufuhrein- und -ausschaltgrenzen für die Bunker, Parameter zur Modifizierung der Häufigkeitsverteilungen und Grenzwerte für die Dauer der Betriebszeit einer bestimmten Verbraucherkombination werden als variable Größen über Lochkarten dem Programm vorgegeben.

Da der kontinuierliche Lauf der Fördergeräte schlecht zu simulieren ist, wurde der Fördervorgang getaktet. Jede Transportstrecke wurde in einzelne Taktwege zerlegt; aus Taktweg und Transportgeschwindigkeit wurde für jedes Fördergerät eine Taktzeit berechnet. Entsprechend besteht jedes Fördergerät aus einzelnen Segmenten; das erste Segment kann am Ende eines Taktes Fördergut an das Nachfolgeaggregat abgeben, das letzte Segment ist Empfänger des Förderguts vom Vorgänger. Nach jedem Takt wird der Inhalt der einzelnen Segmente, also um ein Segment weitergeschoben. Das Ende eines solchen Taktzeitintervalls ist eines der möglichen Ereignisse im Modell. Weitere Ereignisse sind:

Ende des Zeitintervalls, in dem eine bestimmte Kombination von Verbrauchern aktiv ist (in den meisten Simulationsläufen 3 Stunden),

Ende des Intervalls, in dem der Bedarf eines Verbrauchers einen bestimmten Wert hatte (festgelegt auf 15 Minuten),

Ende des Entnahmetaktes eines Verbrauchers.

Für alle möglichen Ereignisse existiert im Programm ein Zeitzähler (in Abb. 5 "t_i"). Diese Zähler werden - sofern das zugehörige Gerät aktiv ist - von einem vorher eingestellten positiven Wert, der Zeitdauer des Taktes, auf Null heruntergezählt, und zwar um die Zeit, die von einem Ereignis bis zum nächsten verstreicht. Wird der Inhalt eines Zählers Null, bedeutet dies, daß das zugehörige Ereignis eingetreten ist. Ist ein Fördergerät nicht aktiv, so ist der Ausgangswert zu Beginn eines Taktes Null, und beim Weitertakten der Simulationszeit läuft der Zählerinhalt in den negativen Zahlenbereich. Je nachdem, ob der Zählerinhalt am Ende eines Taktes kleiner als oder gleich Null ist, wird der Zeitraum der Bereitschaftszeit oder der Laufzeit des Aggregats zugeschlagen. Bei der Laufzeit wird nun noch unterschieden, ob das Aggregat in dieser Zeit gefördert hat oder nicht: Der Takt wird entweder zur Nutzungszeit oder zur Blockierungszeit addiert. Nach der statistischen Erfassung der Zeiten und der Auswertung der Ereignisse werden die Zeitzähler wieder neu gesetzt: für aktive Geräte auf deren Taktzeit, für inaktive auf Null.

Das Simulationsprogramm läuft in folgender Weise ab: Zu Beginn werden die variablen Parameter (je Aggregat eine Lochkarte) eingelesen, die Statistiken gelöscht und die Zeitzähler eingestellt. Die Fördergeräte sind zu Beginn der Simulation leer und im Stillstand; die Bunker und Silos sind gefüllt. Die Simulationszeit wird nun im Zyklus von Ereignis zu Ereignis weitergeschaltet, wobei das Systemverhalten nachvollzogen wird, bis ein vorgegebener Endzeitpunkt erreicht ist.

Bei jedem Wechsel der Verbraucherkombination wird eine Statistik (Umfang: etwa 2 Seiten) erstellt, ebenso am Ende eines 24stündigen Simulationstages. Sie zeigt den Füllstand der Bunker zur Zeit der Erstellung der Statistik sowie folgende Daten, die auf den Beginn des Simulationstages und auf den Zeitpunkt des letzten Wechsels der Verbraucherkombination bezogen sind:

> Minimaler, mittlerer und maximaler Bunkerinhalt.
>
> Nutzungs-, Blockierungs- und Bereitschaftszeit der Förderglieder.
>
> Tatsächliche Entnahmen, Nutzungs- und Blockierungszeit der Verbraucher.

Der Vergleich der installierten Leistung der Förderglieder und der verlangten Werte für die Entnahmen der Verbraucher mit den Werten aus dem Protokoll gibt Aufschluß darüber, wo die Engpässe des Systems liegen.

E. Durchgeführte Simulation und deren Ergebnisse

In mehreren Läufen wurden mit jeweils geänderten Parametern zwischen 12 und 24 Stunden Systemzeit simuliert. In den ersten Läufen wechselte alle drei Stunden die Verbraucherkombination, im letzten

Lauf wurden über die gesamte Betriebszeit alle Verbraucher eingeschaltet, damit das Systemverhalten unter langdauernder Maximal-
belastung studiert werden konnte.

Zunächst wurde versucht, durch Änderung der Schaltgrenzen der
Bunker das Verhalten des Systems zu verbessern, doch zeigte sich,
daß dadurch die Blockierungszeiten der Verbraucher nur zum Teil
beseitigt werden konnten. Deshalb wurden in folgenden Simulationsläufen die Leistungen und Geschwindigkeiten der Hauptförderstrek-
ken auf den ohne große technische Änderungen realisierbaren Maxi-
malwert heraufgesetzt, mit dem Erfolg, daß die Verbraucher ihren
Bedarf - der den Anforderungen der Zukunft entsprach - auch über
längere Zeiträume und nach Abklingen des etwa zweistündigen, an
den starken Schwankungen der Bunkerfüllstände erkennbaren, Ein-
schalteffektes befriedigen konnten.

F. Schlußfolgerung

Das System ist nach relativ einfach durchführbaren Änderungen der
installierten Förderleistung und u. U. Anheben der Zufuhreinschalt-
grenzen der Bunker durchaus in der Lage, zukünftigen Anforderungen gerecht zu werden. Daher erübrigt sich der Einsatz einer höheren Steuerungslogik oder eines Prozeßrechners.

G. Arbeitsaufwand

Für die Bearbeitung des Projektes wurden etwa 84 000, - DM aufgewendet; davon entfallen 57 % auf die EDV.

Das Programm wurde in der problemorientierten Sprache COBOL
geschrieben und umfaßt knapp 2 500 Karten. Davon sind fast zwei
Drittel Häufigkeitsverteilungen und Tabellen zur Beschreibung des
Systems. Eine Programmversion in FORTRAN würde nur etwa den
halben Umfang haben, da sich Tabellen in dieser Sprache in wesentlich kompakterer Form schreiben lassen. COBOL bot dagegen den
Vorteil der übersichtlicheren Protokollgestaltung.

Im Speicher belegte das Programm etwa 65 K Bytes. Zur Simulation
von 24 Stunden Systembetriebszeit waren auf einer Anlage des Typs

IBM/360-50 etwa 4,5 Stunden nötig. Da alle Daten kernspeicher-
resident waren und keine Externspeicher benötigt wurden, betrug
der Anteil der CPU-Zeit an der Gesamtlaufzeit nahezu 100 %. Der
geringe "Zeitraffereffekt" ist darauf zurückzuführen, daß in erster
Linie nicht die Simulationszeit und die Größe des Systems die Pro-
grammlaufzeit beeinflußt, sondern die Anzahl der im Simulations-
zeitraum zu verfolgenden Ereignisse.

II. Systeme zur Entscheidungsstützung durch eine problemadäquate Informationstransformation

Voraussetzungen und Beispiele für computer-gestützte Entscheidungen

— Erfahrungsbericht —

Von

Dr. rer. pol. W. Faßbender
Agfa-Gevaert AG, Leverkusen

Inhalt

A. Computer-gestützte Entscheidungen und Entscheidungssysteme

In der Wirtschaft gibt es mehr computer-gestützte Entscheidungen und in jüngster Zeit auch Entscheidungssysteme als allgemein angenommen wird. Diese Behauptung soll durch die später folgenden Beispiele belegt werden. Im Grunde genommen muß das so sein, denn würden die Unternehmen ihre Entscheidungen nicht auf den zahlreichen Computerauswertungen basieren, dann würden in der BRD die Milliardenausgaben für Tausende von Computerausrüstun-gen nutzlos verschwendet sein.

I. Computer-gestützte Entscheidungen

Besonders die einfacheren und die nicht interdependenten Einzelentscheidungen beruhen sehr oft auf den Ergebnissen von Computern. Methodisch reicht die Anwendungsskala von einfachen Vergleichsoperationen bis hin zu komplizierten mathematischen Berechnungen.

Folgende Entscheidungsarten kommen vor:

(1) Einfache Formalentscheidungen (z. B. Prüfung von Zulässigkeiten und Plausibilitäten),

(2) fachliche Entscheidungen anhand von Abrechnungsauswertungen (Statistiken),

(3) Entscheidungen durch Dispositionsrechnungen und aufgrund von Dispositionsvorschlägen,

(4) Entscheidungen in Anlehnung an Optimierungsrechnungen,

(5) Entscheidungen als Folge von Simulationsrechnungen.

Die computer-gestützten Entscheidungen finden sich heute schon auf allen Unternehmungsebenen, hauptsächlich auf Sachbearbeiterebene, in größerem Umfang auch in der mittleren Führungsebene und in allmählich zunehmendem Maße in der Unternehmungsführung.

II. Computer-gestützte Entscheidungssysteme

Auch auf dem Gebiet der computer-gestützten Entscheidungssysteme ist eine starke Aktivität in der Wirtschaft zu beobachten. Allerdings sind in den meisten Unternehmen diese Systeme noch im Planungs- und Einführungszustand. Erwähnt seien vor allem die Entscheidungssysteme nach Betriebsfunktionen, wie Beschaffungssysteme, Lagerhaltungssysteme, Fertigungssteuerungssysteme und Kombinationen aus diesen. Diese Systeme sind allerdings exekutiver Art.

Es fehlt in der westdeutschen Wirtschaft, wahrscheinlich aber auch in der übrigen Welt, weitgehend an planenden Systemen für Teilbereiche des Unternehmungsgeschehens, erst recht natürlich an solchen für das Gesamtunternehmen. Immerhin befassen sich heute fast alle großen Unternehmungen mit Überlegungen und Planungen für Management-Informationssysteme. Die Ansprüche sind hierbei sehr verschieden. Die MIS reichen von einfachen Auskunftssystemen bis hin zu Simulationsmodellen. Es handelt sich aber in jedem Falle um Entscheidungshilfen für die Unternehmungsführung. Technischer Komfort (z. B. Terminals) und Effektivität sind schon von der Konzeption her sehr unterschiedlich. Die Frage der Wirtschaftlichkeit dürfte viele dieser Betrachtungen und Lösungsansätze noch beträchtlich beeinflussen.

B. Beispiele für computer-gestützte Entscheidungen und Entscheidungssysteme aus der Agfa-Gevaert AG

Bei den Beispielen geht es nicht um eine detaillierte Schilderung einzelner Verfahren. Vielmehr soll hier ein möglichst vollständiger Überblick über die Einsatzformen computer-gestützter Entscheidungen gegeben werden mit Hinweisen auf besonders interessant erscheinende Fälle.

I. Einfache Formalentscheidungen

<u>Datenersteingabesystem:</u>

Es stellt für unsortiert eingegebene Daten aus den verschiedensten Aufgabengebieten selbsttätig eine vorgeplante Ordnung auf einem Magnetkartenspeicher her und sondert dabei automatisch Informationen mit unzulässigen Begriffen und Formalfehlern aus. Das System veranlaßt und überwacht die Korrektur sowie den Rücklauf der ausgesonderten Informationen. Das System ersetzt Sachbearbeiter-Entscheidungen.

<u>Textcodierungssystem:</u>

Es ordnet gegebenen Klartextinformationen ADV-Schlüssel zu und
veranlaßt und überwacht selbsttätig den Veränderungsdienst von
Schlüsseltabellen (Eröffnung und Löschung von Begriffen). Auch
dieses System ersetzt Sachbearbeiter-Entscheidungen.

II. Fachliche Entscheidungen anhand von Abrechnungsauswertungen (Statistiken)

Es gibt zahlreiche Beispiele, die nicht beschrieben zu werden brauchen, da sie in ähnlicher Form fast überall vorkommen: Umsatz-
statistiken, Budgetkontrollen, Kontokorrentüberwachungen, Kosten-
trägerrechnungen auf Basis Vollkosten oder Deckungsbeiträgen. Diese Computerauswertungen unterstützen die Entscheidungen von Sach-
bearbeitern aber auch von Führungskräften der mittleren Ebene.

III. Entscheidungen durch Dispositionsrechnungen und auf Grund von Dispositionsvorschlägen

<u>Automatische Lagerversorgung:</u>

Dieser Programmkomplex ermittelt anhand von Vergangenheitswerten (Trend und Saisonschwankungen), des aktuellen Verkaufsge-
schehens (Umsatz der letzten Tage) und eingegebener dispositiver
Größen die Beschickungsmenge für die 10 Verkaufsläger so, daß
trotz knapper Produktion eine maximale Lieferbereitschaft in den
einzelnen Verkaufsbüros gegeben ist. Das System ersetzt Sachbearbeiter-Entscheidungen.

<u>Produktionssteuerung für die Papieraufarbeitung:</u>

Gekoppelt an das allgemeine Erfassungssystem für alle Fertiger-
zeugnisbewegungen und an die automatische Lagerversorgung löst
diese Programmkette die Bestellung an die eigene Fertigung und an
die Lieferanten von Fertigerzeugnissen aus. (Bedarfsermittlung für
die nächsten 24 Monate!) Sie ersetzt dabei Sachbearbeiter-Entscheidungen und unterstützt die Entscheidungen der mittleren Führungsebene in der Produktion sowie der Unternehmungsleitung, hauptsächlich bei Sortiments-, Investitions- und Personalplanung.

IV. Entscheidungen in Anlehnung an Optimierungsrechnungen

Der Produktionsplan für das Camerawerk, das alle phototechnischen Produkte der Agfa-Gevaert AG herstellt, wird im Anschluß an eine Optimierungsrechnung erstellt, die mit einem von Siemens gelieferten Standard-LP-Programm ausgeführt wird. Im Programm wird der Deckungsbeitrag über die Herstellkosten maximiert. Als Restriktionen werden eingegeben: die Kapazitätsgrenzen der Produktionskostenstellen sowie Minimum- und Maximumwunschmengen des Verkaufs. Die Rechnung selbst ersetzt Sachbearbeiter-Entscheidungen. Die Ergebnisse der Optimierung unterstützen die verschiedensten Entscheidungen der Vertriebs- und Fertigungsleitung.

V. Entscheidungen als Folge von Simulationsrechnungen

Für die Planung eines neuen vollautomatischen Zentrallagers sollen Simulationsrechnungen mit dem IBM Standardprogramm GPSS durchgeführt werden. Die Ergebnisse unterstützen die Vorschläge des Projektteams und die Investitions-Entscheidungen der Geschäftsleitung.

Für die Bestimmung einer optimalen Ausrüstung mit ADV-Anlagen und zur Aufstellung eines kapazitätssparenden "Fahrplans" für ADV-Anlagen sollen Simulationsprogramme entwickelt werden. Die Arbeiten sind im Planungsstadium.

VI. Entscheidungssysteme nach Betriebsfunktionen

Im Camerawerk München laufen die Vorarbeiten für die Einführung des Steuerungssystems "Siemens-BASIS". Das System erfaßt alle Dispositionen von der Rohmaterialbeschaffung bis hin zur Kapazitätsterminierung der einzelnen Arbeitsplätze in der Fertigung. Zunächst wird die Teilefertigung im Stammwerk und in den Zweigwerken erfaßt. Es wird noch geprüft, ob das System auf die Montagen ausgedehnt wird.

VII. Planende Systeme für Teilbereiche des Unternehmensgeschehens

Ein Ergebnisvorausberechnungssystem für die gesamte Agfa-Gevaert-Gruppe steht kurz vor der Fertigstellung. Als Auswertungen fallen Produkt- und Länderergebnisse an. Das Programmpaket wurde so angelegt, daß es sich zu Modellrechnungen eignet. So können im Endzustand Auswirkungen von globalen oder regionalen Preisänderungen, von Änderungen der Rabattgestaltung, von Änderungen der Kostenbudgets der Auslandsvertretungen etc. durchgespielt werden. Das System wird in hohem Maße die unternehmerischen Entscheidungen unterstützen. Es kann aber auch den anderen Führungsebenen bezüglich von Detailentscheidungen nützlich sein.

VIII. Management-Informationssysteme

Es herrscht Klarheit darüber, daß ein solches System geschaffen werden muß. Es ist aber auch erkannt, daß ein solches System an viele Voraussetzungen geknüpft ist. Mit der Schaffung dieser Voraussetzungen wurde begonnen (siehe nächster Abschnitt).

C. Voraussetzungen für computer-gestützte Entscheidungen und Entscheidungssysteme

Bei den Einzelentscheidungen im Rahmen des laufenden Geschäfts- und Betriebsablaufs bedarf es im allgemeinen keiner besonderen Voraussetzungen beim Einsatz von Computern für die Entscheidungsfindung oder -vorbereitung. Die Voraussetzungen waren auch vorher bis zum gewissen Grade gegeben, da diese Funktionen auch ohne Computer ausgeführt wurden, wenn auch mit wesentlich geringerer Effektivität. Das gilt selbst für Optimierungs- und Simulationsrechnungen, die am Anfang durchaus auf der schon vorhandenen Datenbasis ausgeführt werden können. Trotz gleich guter bzw. gleich schlechter Ausgangsdaten bringt die Vollständigkeit und Systematik des Rechenablaufs sowie die wiederholte Durchrechnung des Problems weitaus bessere Ergebnisse als die Bearbeitung mit menschlichen Arbeitskräften.

Das gilt, wenn auch mit Einschränkung, noch bei den rein exekutiven Entscheidungssystemen. Hier müssen relativ oft Datenlücken ergänzt werden. Die Datenpflege bedarf einer wesentlichen Verbesserung.

Ganz anders liegen vor allem in der BRD die Dinge bei den Teil- oder Gesamtsystemen. Hier liegt eine Lücke in der Organisation

der meisten Unternehmen vor, die historisch durch die Nachkriegs-
verhältnisse bedingt ist (Nachholbedarf - Warendistribution - EWG).

Der zunehmende Wettbewerb, die relative Marktsättigung, das Spür-
barwerden eines Konjunkturrhythmus schaffen eine neue Lage. Mittel-
und langfristiges Planen wird zur wirtschaftlichen Notwendigkeit, die
sich an den Bilanzen, den Geschäftsberichten und den Börsennach-
richten ablesen läßt. Diese Notwendigkeit mußte erst ins Bewußtsein der Unternehmungsführung gelangen. Zu diesem Bewußtsein
müßte jetzt die Qualifikation zur Problemlösung hinzukommen. Das
Bemühen um die Schaffung dieser Qualifikation zeigt sich an der
Bildung großer Spezialistenteams für Unternehmensplanung und am
verstärkten Einsatz von Unternehmungsberatungsfirmen.

Diese Stäbe müssen erst die Planungsspielregeln schaffen, d. h.
"Regelkreise" für die Unternehmungssteuerung, die auf zum großen
Teil gleichartigen, wiederkehrenden Entscheidungen beruhen. Aus
diesem Konstruieren der Regelkreise leitet sich der Informationsbedarf ab, der durch die Organisatoren umgesetzt werden muß in
Informationsfluß- und Integrationsmodelle (vgl. das Kölner Integrationsmodell), an den Ist-Zustand des Datenflusses anzupassen ist.

Erst wenn dies geleistet wurde, ist eine wesentliche Voraussetzung
für ein MIS gegeben.

Aber selbst wenn diese Voraussetzung früher schon vorgelegen hätte,
so wäre ein umfassendes, computer-gestütztes Entscheidungssystem
sicher doch nicht möglich gewesen. Es hätte an den datenverarbei-
tungstechnischen Voraussetzungen gefehlt, die erst jetzt im Rahmen
der neuen Computergeneration durch die Entwicklung großer, leistungsfähiger, in sich homogener Datenverwaltungssysteme (Datenbanken) geschaffen werden.

Für die Vergangenheit kann m. E. daher kein Versäumnis im Hinblick auf anspruchsvollere und umfassendere computer-gestützte
Entscheidungssysteme festgestellt werden.

Jetzt, wo die Notwendigkeit gegeben ist und erkannt wurde, jetzt, wo
auch die datenverarbeitungsmäßigen Voraussetzungen vorliegen,
werden diese Entscheidungssysteme kommen. In vielen Unternehmungen wurde das Problem bereits aufgegriffen. Die Entscheidungssysteme werden daher m. E. bald aus dem Bereich des Mystischen,
der lauten Werbung und des aktuell Modischen überwechseln in den
Bereich der alltäglich benutzten Führungsinstrumente eines Unternehmens.

Ein Computersystem für die Planung eines Luftverkehrsunternehmens

— Erfahrungsbericht —

Von

Professor Dr. M. Etschmaier
bis September 1970 bei Deutsche Lufthansa AG

Inhalt

A. Einleitung

Das Problem der Planung eines Linienluftverkehrsunternehmens stellt ohne Zweifel eines der kompliziertesten wirtschaftlichen Planungsprobleme dar. Dies ist einerseits begründet in der Vielzahl der Gesichtspunkte, die das Handeln des Unternehmens in der sozioökonomischen, politischen und technischen Umgebung bestimmen, andererseits in der Kompliziertheit des Marktes und der vielschichtigen Struktur der Konkurrenzsituation. Beide Tatsachen erlauben es kaum, für das Unternehmen eine Zielsetzung zu formulieren, die für eine quantitative Optimierung verwendbar wäre.

Aufgrund der besonderen Eigenarten des Marktes sind eine Reihe von Nebenbedingungen zu beachten. Als Beispiel dafür seien die Verkehrsrechte angeführt, die als Produktionsbeschränkungen für jeweils kleine sich überlappende Teilbereiche des Marktes gelten und sich nur schwer in ein Schema pressen lassen und damit auch nur schwer quantifizierbar sind. Diese Verkehrsrechte gelten nicht umunstößlich, sondern durch Bemühungen des Unternehmens können - allerdings mit nicht vorhersehbarem Erfolg - Veränderungen erreicht werden. Die dafür geltenden Erfolgswahrscheinlichkeiten verändern sich mit der Zeit und es ist häufig so, daß die Erfolgswahrscheinlichkeit zu einem wirtschaftlich ungünstigen Zeitpunkt größer ist als zu einem günstigeren Zeitpunkt. Die Gewährung von Verkehrsrechten kann außerdem von der Teilnahme an komplizierten "Poolverträgen" zum Ausgleich der Kosten und Erträge mit anderen Luftverkehrsgesellschaften abhängig gemacht werden.

Ein weiterer Grund für die Kompliziertheit des Planungsproblems liegt schließlich in der Natur des Produktes selbst, das als Transportleistung orts- und zeitgebunden ist, also weder transport- noch lagerfähig ist und obendrein noch an Kontinuitätsbedingungen gebunden ist, die daraus resultieren, daß das Produktionsmittel beim Produktionsprozeß seine Lage verändert. Dies bewirkt, daß Einzelheiten des Produktionsplanes, also des Flugplanes, sehr wesentlich die Auslastung des Produktionsmittels bestimmen und daß damit nur mit Hilfe eines detaillierten Produktionsplanes eine gute Auslastung des Produktionsmittels sichergestellt werden kann.

Investitionsplanungen für Fluggerät mit allen damit zusammenhängenden Entscheidungen haben ebenso wie auch Bemühungen um Verkehrsrechte, lange Vorlaufzeiten und besitzen einen gewissen Grad von Unumstößlichkeit. Da sie, wie aus dem Gesagten hervorgeht, letztlich nur auf einem detaillierten Flugplan basieren können, ist ein solcher als Grundlage der kurz- und mittelfristigen Planung unerläßlich und kann primär nicht durch irgendwelche aggregierte Zahlenwerte ersetzt werden. Bedenkt man, daß die Lufthansa fast 100 Städte und etwa 300 Strecken mit täglich insgesamt etwa 500 Flügen anfliegt, so kann man leicht sehen, daß das Führen und Verbessern eines detaillierten Flugplanes und aller Daten, auf denen er basiert, während der ganzen Spanne der kurz- und mittelfristigen Planung einen sehr hohen Aufwand für die zentralen Planungsstellen bedeutet. Ein ebenso hoher Aufwand ergibt sich dann noch für die dezentralen Bereichsplanungsstellen, die auf dem Flugplan ihre abgeleiteten Bereichsplanungen aufbauen müssen. Die aufwendigsten Arbeiten stellen dabei das Führen von Dateien sowie verhältnismäßig einfache Manipulationen von Daten dar, um einerseits aus den Ausgangsdaten Basiszahlen für die Entwicklung des Flugplanes zu bekommen und andererseits Kennzahlen über Kosten, Ertrag und Leistungen aus dem Flugplan zu errechnen.

Für den Einsatz von Datenverarbeitungsanlagen in der Unternehmensplanung gibt es daher zwei Schwerpunkte, nämlich einerseits den Aufbau von zentralen Datenzugriffssystemen (Datenbank) und andererseits die Entwicklung von Computerprogrammen zur Erstellung eines optimalen Flugplanes. Die erwähnte Kompliziertheit des Problems verbietet dabei die Durchführung einer simultanen Optimierung in einem vollautomatischen Modell. Es empfiehlt sich vielmehr, ein System des Zusammenwirkens von Mensch und Computer, das auf iterative Art und Weise den Flugplan zu einem Optimum führt. Dabei werden dem Menschen schwer quantifizierbare Entscheidungen oder auch Überprüfungen übertragen, die aber soweit wie möglich durch den Computer vorbereitet werden. Die Entwicklung eines solchen Systems ist sinnvollerweise in Abschnitten durchzuführen, wobei durch einen modularen Aufbau erreicht wird, daß gleichzeitig an verschiedenen Stellen des Systems gearbeitet werden kann und daß diese Teile auch für sich selbst eingesetzt werden können. Durch den modularen Aufbau wird außerdem erreicht, daß alle im Laufe der Entwicklung stattfindenden Änderungen berücksichtigt werden können.

Nach diesen Gesichtspunkten wird gegenwärtig in der Operations Research Gruppe der Lufthansa ein System entwickelt, das nach seiner Fertigstellung die gesamte kurz- und mittelfristige Planung, soweit sie sich auf den Linienluftverkehr bezieht, umfassen wird. Das Projekt läuft unter dem Namen APOLLO ("Automatisches Programm zur Optimierung der langfristigen Lufthansa Operations") und sieht ein Herantasten an ein Optimum durch eine Folge von Suboptimierungen vor. Die folgenden Ausführungen sollen einen kurzen Überblick über den Aufbau von APOLLO sowie den gegenwärtigen Stand der Arbeiten geben. Weiter soll versucht werden, die schrittweise Einführung, d. h. den Übergang von der ursprünglichen manuellen Planung bis zur vollen Verwirklichung von APOLLO darzustellen.

B. Der Aufbau von APOLLO

Aufgrund der überaus komplizierten Problemstruktur sieht das Konzept von APOLLO zwei ineinandergeschachtelte iterative Optimierungsprozesse vor. Der erste dieser Prozesse (APOLLO I) nimmt eine Optimierung über eine einzige Periode vor, wobei die langfristigen Einflüsse in Form von Nebenbedingungen oder Parametern fest eingegeben werden. Ein übergeordneter Optimierungsprozeß (APOLLO II) stellt dann alle im Planungszeitraum enthaltenen Perioden nebeneinander und nimmt einen dynamischen Ausgleich vor. Die Fortsetzung dieser Planung stellt schließlich die langfristige Perspektivplanung dar.

APOLLO wird am bisherigen zeitlichen Ablauf des Planungsprozesses wenig ändern, außer daß mehr Iterationsschritte in der gleichen Zeit durchlaufen werden können. Ganz grob ist der zeitliche Ablauf in Abb. 1 dargestellt. Darin bezieht sich m auf das laufende Jahr, während unter m+i die Pläne angeführt sind, die im Jahr m für das Jahr m+i vorhanden sind. Die Pläne für ein bestimmtes Zieljahr durchlaufen also die Abbildung von links nach rechts und nehmen dabei immer mehr an Detail zu. Während der Perspektivplan lediglich Angaben über die wöchentliche Anzahl der Flüge zwischen verschiedenen Gebieten enthält, gibt das Streckenprogramm genau die Streckenführung sowie die Abflugzeiten in Zeitspannen an. Der Flugplan schließlich entspricht dem zu veröffentlichen Flugplan.

Über den Zeitraum bis m+5 erstreckt sich die Planung für die Anschaffung von zusätzlichen Flugzeugen eines bereits in Betrieb befindlichen Musters, während Entscheidungen über die Einführung eines neuen Flugzeugmusters der Zeitraum bis m+10 zugrunde gelegt wird. Die gleichen Zeiträume umfaßt natürlich die jeweils dazugehörige Finanzplanung, eine Planung der Unternehmensstruktur und -organisation, sowie die Marktentwicklungsplanung.

Die Liegezeitenplanung legt fest, zu welchen Zeitpunkten die nach einer behördlich festgesetzten Maximalanzahl von Flugstunden durchzuführenden Überholungen vorgenommen werden sollen. Sie stellt die Grundlage der Werkstattkapazitätsplanung dar, gibt aber zugleich an, wieviele Flugzeuge zu jedem Zeitpunkt produktiv eingesetzt wer-

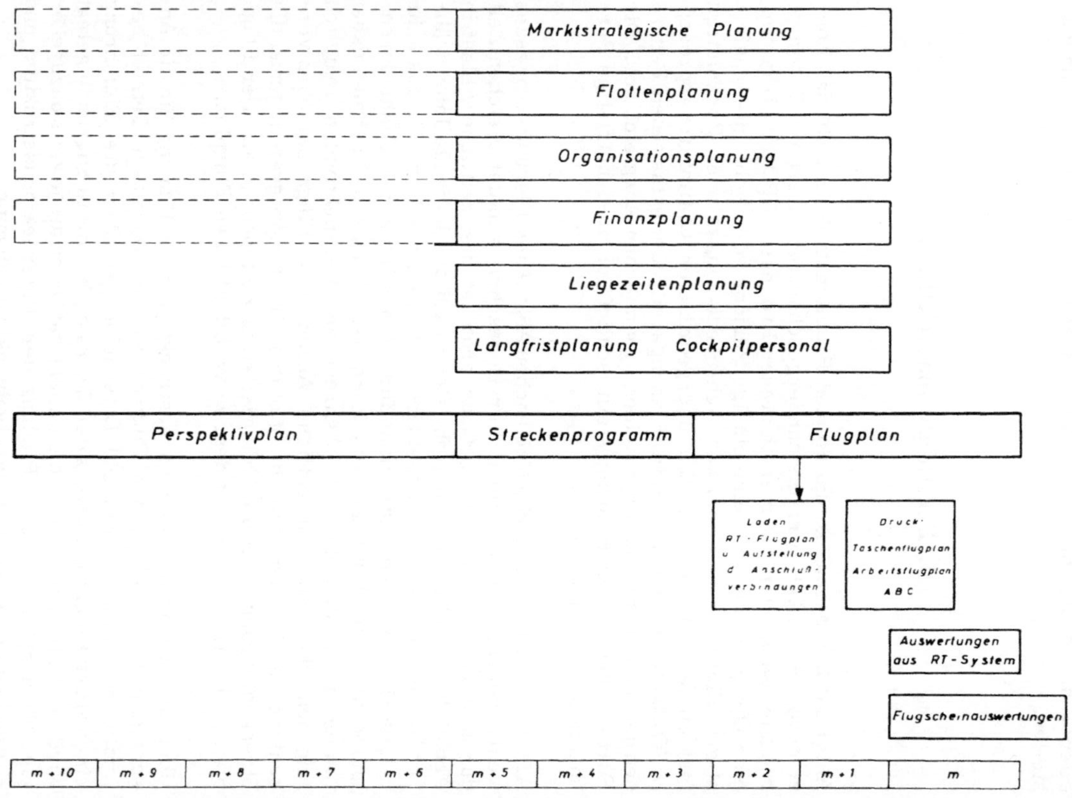

Abb. 1: Zeitlicher Ablauf der Planung

den können. Die Langfristplanung für das Cockpitpersonal schließlich stellt sicher, daß unter Einhaltung der komplizierten Beförderungsregeln und der vor jeder Beförderung erforderlichen Umschulungen zu jedem Zeitpunkt die notwendige Zahl von Flugkapitänen und Copiloten mit dem jeweils erforderlichen Ausbildungsstand zur Verfügung stehen. Da hier auch der Einsatz von Flugzeugen für Schulungszwecke geplant wird, ist die Langfristplanung des Cockpitpersonals verbunden mit der Liegezeitenplanung.

Etwa ein Jahr vor Inkrafttreten wird der Flugplan auf die Realtime-Anlage übernommen und steht damit für Zwecke der Platzreservierung zur Verfügung. Zum Zeitpunkt der tatsächlichen Durchführung dient diese Flugplandatei dann auch als Grundlage für die Verkehrssteuerung und andere Steuerungsaufgaben. Etwa ein halbes Jahr vor dem Inkrafttreten erfolgen die ersten Drucke der Taschenflugpläne und der verschiedenen Arbeitsflugpläne. Für einen späteren Zeitpunkt ist vorgesehen, die Setzarbeiten dafür direkt vom Computer aus zu steuern. Während und nach der Durchführungsphase schließlich werden die im Realtime-System gespeicherten Daten ausgewertet; nach der Durchführungsphase werden die ausgeflogenen Flugscheinabschnitte der Passagiere ausgewertet. Beide Auswertungen stellen Vergleiche mit dem Flugplan an.

APOLLO umfaßt die Zeit vom Jahr m bis m+5 und führt, wie aus der Abbildung hervorgeht, direkt zur Durchführungsphase. Abb. 2 gibt den Prozeß innerhalb APOLLO in groben Zügen wieder. Dabei werden die in APOLLO I suboptimierten Flugpläne für alle Perioden des Planungszeitraumes einander gegenübergestellt. Aus diesen Plänen werden die dynamischen Pläne für die gesamte Planungsperiode abgeleitet, die in erster Linie eine Kontinuität des Angebotes sicherstellen und erreichen sollen, daß geplante Expansionen auch praktisch realisierbar sind. Dabei werden sowohl marktstrategische Gesichtspunkte als auch finanzielle und technische Beschränkungen berücksichtigt. Als Ergebnisse dieser dynamischen Planung erhält man eine Aussage über die Realisierbarkeit der aneinandergereihten Jahrespläne sowie Angaben darüber, wo oder wann Angebotsveränderungen zeitlich verschoben, unter Umständen ganz unterbleiben cder aber neu hineingenommen werden sollen.

Nach umfangreichen manuellen Prüfungen und Eingriffen gehen die Ergebnisse als Parameter oder Randbedingungen in einen neuen Durchlauf der Einjahresbetrachtungen nach APOLLO I ein. Dieser Zyklus kann dann beliebig oft wiederholt werden. Wie aus Abb. 2 ersichtlich, sind auch innerhalb der dynamischen Optimierung, also ohne Rückgriff auf die Einperiodenoptimierungen, Iterationszyklen möglich.

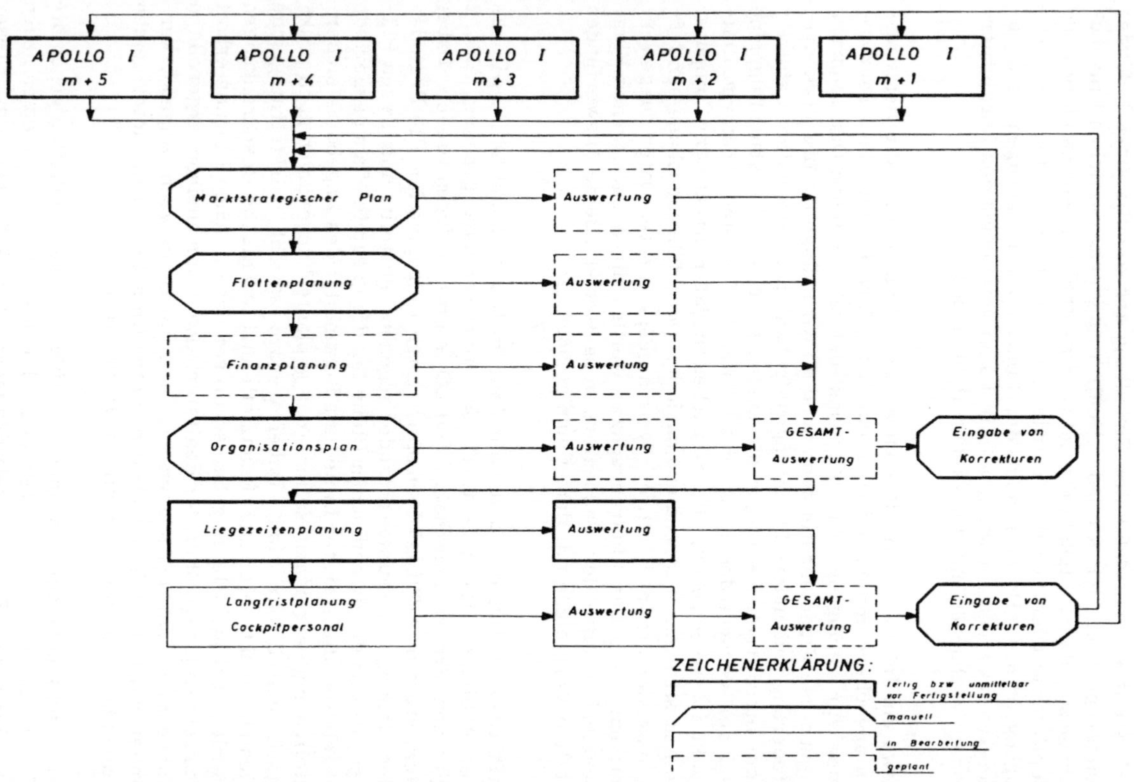

Abb. 2: APOLLO II

Es sei an dieser Stelle nicht unerwähnt, daß APOLLO II sich im Augenblick noch in einer Konzeptionsphase befindet, in der lediglich der grobe Ablauf festgelegt ist, in der allerdings ein Teilmodell - nämlich die Liegezeitenplanung - schon vollendet ist.

Abb. 3 zeigt den Aufbau von APOLLO I, also der Einjahresoptimierung. Der Programmkomplex zerfällt in zwei große Teile, nämlich die Erstellung eines vorläufigen Streckenprogrammes aus den Marktdaten sowie groben Kostendaten einerseits und andererseits die Festsetzung der genauen Abflugzeiten, Bewertung dieses Planes nach Kosten, Erträgen und Pünktlichkeit, sowie iterative Verbesserung des Planes.

Im ersten Teil werden alle in der Datenbank gespeicherten relevanten Daten in übersichtlicher und aufbereiteter Form dargestellt. In dieser Darstellung ist auch das Ergebnis einer groben Frequenzoptimierung enthalten, in der nach einer quadratischen Approximation eines frequenzproportionalen Marktteilungsmodells ein im Sinne des Modells optimales Angebot bestimmt wird. Das Frequenzoptimierungsmodell geht aus von einem einer Teilstrecke zugeordneten konstanten Gesamtertragspotential und berücksichtigt frequenzproportionale Teilstreckenkosten sowie Kapazitätsbeschränkungen und Beschränkungen des Angebotes sowohl von oben als auch von unten durch verkehrsrechtliche oder auch verkehrs- oder unternehmenspolitische Forderungen. Die Optimierung erfolgt mit Hilfe eines Programms der Quadratischen Programmierung nach Wolfe. Obwohl die Ergebnisse zum Teil sehr realistisch sind, können sie nur als Anhaltspunkte verwendet werden, da sie nämlich die netzwerkartige Vermaschung der Strecken und die damit verbundenen Substitutionsmöglichkeiten sowie auch die Kosten der Knotenpunkte nicht berücksichtigen.

Aus den Ergebnissen der Frequenzoptimierung können mit Hilfe eines Branch-and-Bound-Algorithmus unter Benutzung der Informationen über Passagierreisewege direkt die anzubietenden Streckenführungen abgeleitet werden. Eine wichtige Aufgabe dieses Programmes ist die Umwandlung der in Brüchen vorliegenden Frequenzen des Frequenzoptimierungsprogrammes in ganze Zahlen. Die Ergebnisse der Streckenplanung werden ebenfalls in der Darstellung der Marktdaten mit ausgedruckt.

Die dargestellten Markt- und Kostendaten sind so aufbereitet, daß aus ihnen von der Planungsstelle direkt die Passagierzahlen je Tarifgruppe als Funktion der angebotenen Frequenzen geschätzt werden können; außerdem werden die den Schätzungen zugrunde gelegten optimalen Zeitenlagen angegeben. Diese Schätzungen werden wieder in den Computer eingegeben, wo aus ihnen, sowie aus Daten der Datenbank Deckungsbeiträge je Teilstrecke in Abhängigkeit von den ange-

Additional material from *Grundriss der Betriebsbuchhaltung,*
ISBN 978-3-409-31082-6, is available at http://extras.springer.com

botenen Frequenzen berechnet werden. Mit Hilfe dieser Daten sowie
der sprungfixen Stationskosten wird mit einem Branch-and-Bound-
Algorithmus eine Auswahl vorgenommen, die bei grob bestimmter
Ausnutzung der vorhandenen Kapazität den Deckungsbeitrag des Ange-
bots maximiert.

Die gefundene Auswahl stellt das erste Streckenprogramm dar, das
nach einer manuellen Überprüfung auf seinen allgemeinen Inhalt sowie
nach einer automatischen Überprüfung auf Übereinstimmung mit vorhandenen sowie erwarteten Verkehrsrechten eine Grundlage für die
Erstellung eines Flugzeugumlaufplanes (Rotationsplan) darstellt. Das
Programm zur Konstruktion des Rotationsplanes ist so aufgebaut,
daß es, bei möglichst geringer Abweichung von einer idealen Zeitenlage, Abflugzeiten innerhalb vorgegebener Intervalle so festlegt,
daß der gesamte Flugplan einer Flotte mit einer minimalen Anzahl
von Flugzeugen abgedeckt werden kann. In diesem Programm werden
auch die theoretisch sehr schwer zu berücksichtigenden Wartungsbedingungen erfüllt. Diese Wartungsbedingungen erfordern, daß ein
Flugzeug spätestens nach einer bestimmten Anzahl von Flugstunden
wieder an einer Wartungsbasis ist und dort lange genug Aufenthalt
hat, damit eine Wartung vorgenommen werden kann.

Die Vorgehensweise ist zweistufig. Und zwar werden zuerst die bei
einer minimalen Anzahl von Flugzeugen zulässigen Anschlüsse ausgewählt, sowie die Zeitenlagen so verändert, daß die Zahl der erforderlichen Flugzeuge sich verringert. Sodann wird versucht, aus
diesen Anschlüssen einen Umlauf zu konstruieren, der auch die
Wartungsbedingungen erfüllt. Ist dies nicht möglich, so muß die Anzahl der Flugzeuge um eins erhöht werden, die dann zulässigen Anschlüsse ermittelt und erneut versucht werden, einen Umlaufplan zu
erstellen. Dies wird so lange fortgesetzt, bis ein zulässiger Umlaufplan gefunden ist. Die Identifizierung der zulässigen Anschlüsse erfolgt mit Hilfe eines Dual-LP-Algorithmus, die Verschiebung der
Zeitenlage mit einem heuristischen Verfahren und die Konstruktion
des Umlaufplanes mit einem Branch-and-Bound-Algorithmus.

Der gefundene Umlaufplan wird manuell überprüft, die fixierten Abflugzeiten insbesondere auf ihre Übereinstimmung mit den vorhandenen bzw. erwarteten Verkehrsrechten. Sind Korrekturen erforderlich, so werden entsprechende Iterationszyklen durchlaufen.

Ein allen bisherigen Prüfungen standhaltender Umlaufplan, der in
seinem Informationsgehalt natürlich den Flugplan beinhaltet, wird
dann einer detaillierten Auswertung unterzogen. Dabei werden die
bisher nur grob angenommenen Kosten und Erträge genau berechnet,
sowie eine Überprüfung des Flugplanes auf die aus ihm zu erwartenden Pünktlichkeitsraten vorgenommen. Außerdem wird überprüft, ob

8*

der Plan gewisse, nicht allgemein formulierbare Erfordernisse der verschiedenen Bereiche erfüllt.

Die Auswertungen erfolgen teils manuell, teils automatisch; allerdings werden alle automatisch erstellten Ergebnisse manuell weiterverarbeitet und alle manuellen Auswertungen durch entsprechende Tabellierungen und andere Datenaufbereitungen vorbereitet.

Die theoretisch schwierigsten Auswertungsprogramme stellen die Aufstellung des Besatzungseinsatzplanes, die Passagiersimulation zur genauen Ertragsberechnung, sowie die Simulation zur Vorhersage der Pünktlichkeit dar. Das Programm zur Aufstellung eines Besatzungseinsatzplanes soll einerseits die minimalen Besatzungskosten ermitteln und andererseits überprüfen, ob der Flugplan mit den vorhandenen bzw. erwarteten Besatzungen abgedeckt werden kann. Das Programm ist essentiell und theoretisch mit dem Programm zur Erstellung des Flugzeugumlaufes eng verwandt; die Nebenbedingungen sind allerdings viel enger und komplizierter, so daß ein eigenes Programm entwickelt werden mußte. Es werden zum Teil über mehrere Tage sich erstreckende Besatzungsumläufe vom Heimathafen bis wieder zurück zum Heimathafen aufgestellt. Aus diesen wird dann eine Auswahl getroffen, die alle Flüge abdeckt und die mit der kleinsten Zahl von Besatzungseinsatztagen auskommt. Die Auswahl wird mit einem Branch-and-Bound-Algorithmus vorgenommen. Die Schwierigkeit liegt vor allem in der großen Zahl der möglichen Umläufe, die nur die Aufstellung einer sehr kleinen Auswahl erlaubt, andererseits in der relativen Ineffizienz aller bekannten Auswahlalgorithmen. Die Berechnung eines vollständigen Besatzungseinsatzplanes für einen ganzen Flugplan erfordert eine Rechenzeit von etwa einer Stunde auf einer IBM 360/50. Aus dem fertigen Einsatzplan werden dann die Abwesenheitsgelder, sowie die anfallenden Spesen automatisch errechnet.

Ziel der Passagiersimulation ist eine genaue Vorhersage des zu erwartenden Ertrages durch eine Nachbildung der Passagierentscheidungen in der Konkurrenzsituation. Dabei sind sowohl zeitliche Präferenzen, als auch das Fluggerät und die Marktposition der zur Wahl stehenden Fluggesellschaften zu berücksichtigen. Für dieses Problem steht im Augenblick noch kein Programm zur Verfügung; es ist jedoch leicht einzusehen, daß eine vollständige Simulation ausgeschlossen ist, d. h. daß nur eine Simulation kleiner Teile und ein Zusammensetzen durch exakte und auch heuristische Methoden infrage kommt.

Das gleiche gilt für die Simulation zur Vorhersage der Pünktlichkeit. Dort wird zunächst die Verteilung von Verspätungen von direkt verketteten Flügen statistisch und durch Simulation ermittelt und mit diesen Ergebnissen wird dann eine Simulation von Teilen des Netzes

vorgenommen. Dabei werden zunächst nur Verspätungen und erst zu
einem späteren Zeitpunkt Ausfälle von Flügen, Flugzeugen oder
Flughäfen berücksichtigt.

Die übrigen Auswertungsprogramme stellen Kostenberechnungen dar,
bei denen im Computer nur wenige und relativ einfache Optimierun-
gen vorgenommen werden. Die Berechnung der Stationsbelastung
führt zu Belastungsgebirgen für die verschiedenen Tätigkeiten sowie
für Geräte und Anlagen. Der Bedarf an Stationspersonal läßt sich
daraus durch Aufstellen von Schichtplänen ermitteln, der Bedarf an
Anlagen ist durch die Belastungsspitze gegeben. Die Rückkoppelung
zur Flugplangestaltung besteht in einem Abbau der Spitzen durch
Verschieben von Abflugzeiten.

Die Rotationsplanauswertung ist einerseits eine Ermittlung der Belastungsgebirge der Werkstätten zur Personal- und Kapazitätspla-
nung und andererseits die Ermittlung von Kennzahlen zur Vorhersage von Materialverbräuchen und zur Ermittlung anderer Werkstatt-
kosten, die nicht direkt vom Belastungsgebirge abhängen. Außerdem
dienen sie zur Abschätzung der Flexibilität des aufgestellten Flugzeugumlaufplanes.

Der Verpflegungsplan wird manuell erstellt und gibt den auf jedem
Flug gebotenen Service an. Aus ihm kann mit dem Flugplan eine
Prognose des Verbrauches an Borddienstmaterial sowie der Kosten
für die Bordverpflegung aufgestellt werden.

Die Berechnung der Lande-, Flugsicherungs- und Abfertigungsge-
bühren, sowie der Treibstoffkosten stellt lediglich eine Auszählung
von Ereignissen sowie Bewertung mit vorgegebenen Parametern dar.

Durch Zusammenfassung aller Kosten- und Ertragszahlen unter
Berücksichtigung der jahreszeitlichen Schwankungen, sowie der aus
APOLLO II bekannten Kosten kann schließlich eine Jahresfinanzdis-
position erstellt werden.

Alle Ergebnisse können nun gesammelt und übersichtlich dargestellt
werden. Dazu gehört auch eine Auflistung der durch die verschiedenen Auswertungen aufgezeigten Verbesserungsmöglichkeiten des
Flugplanes. Eine Gruppe von Planern wählt daraus die beste Kombination aus und gibt sie in Form von veränderten Beschränkungen
oder auch Parametern in das Programm ein. Damit beginnt ein neuer
Durchlauf des zweiten Teiles des Systems. Nach dem gegenwärtigen
Planungsablauf erfolgt dieser neuerliche Durchlauf je nach Entfer-
nung vom Realisationszeitpunkt nach einer Zeit von einigen Monaten
bis zu einem Jahr.

Auf die Berechnungen in der Phase, in der statt des Flugplanes nur ein Streckenprogramm vorhanden ist, soll hier nicht näher eingegangen werden. Sie erfolgen mit Hilfe von Teilen von APOLLO I sowie durch Hochrechnungen aus Kennzahlen.

C. Die aktuelle Realisation

Die Entwicklung eines Planungssystems vom geschilderten Umfang ist eine aufwendige Arbeit, die selbst in einem großen Unternehmen nur sehr langfristig durchgeführt werden kann. Leider muß mit einer langen Entwicklungsdauer auch der Nachteil in Kauf genommen werden, daß sich Details der Problemformulierung, aber auch die verfügbaren EDV-Anlagen ändern. Da APOLLO allein die Anschaffung eines Großcomputers, wie dies vom Kernspeicherbedarf her notwendig wäre, nie rechtfertigen würde, ist daher bei der Planung von APOLLO ganz bewußt darauf verzichtet worden, eine konkrete Konzeption der hardwaremäßigen Verwirklichung zu entwickeln. Vielmehr wurden die einzelnen Programme in systemunabhängigen höheren Programmiersprachen (FORTRAN und COBOL) geschrieben und dann auf gerade verfügbaren und geeigneten Anlagen zum Laufen gebracht. Dabei werden soweit wie möglich unternehmenseigene Anlagen benutzt. Der Datentransfer von einem Programm zum anderen erfolgt in der Regel durch Magnetbänder oder Lochkarten.

Der Entwicklungsstand der einzelnen Projekte ist aus den Abb. 2 und 3 ersichtlich. Von APOLLO I wurden bisher vor allem die Programme zur Erstellung des Flugzeugumlaufplanes sowie zur Auswertung des Flugplanes abgeschlossen bzw. in ihrer Entwicklung weit vorangetrieben. Das beinhaltet den Aufbau einer Flugplanstammdatei, die direkt auch zum Laden der Realtime-Anlagen für die Platzbuchung verwendet werden kann, Tabellierungen des Flugplanes nach verschiedenen Gesichtspunkten, ein Programm zur Ermittlung der Stationsbelastungen, sowie ein Programm zum Aufstellen eines Besatzungseinsatzplanes und zur Berechnung der dazugehörenden Kosten. Außerdem steht ein Programm zur Frequenzoptimierung zur Verfügung. Von APOLLO II ist das Programm für die Liegezeitenplanung abgeschlossen.

Die Bearbeitung des Projektes APOLLO erfolgt ausschließlich in der unternehmensinternen Operations Research Gruppe, die der Datenverarbeitung angeschlossen ist. Zur Zeit arbeiten sechs Operations Research Spezialisten und zwei Programmierer voll an APOLLO. Am vorgestellten Konzept von APOLLO wird seit Anfang 1969 gear-

beitet, obwohl einzelne Teilprobleme auch schon vorher bearbeitet
worden waren. Bis heute wurden etwa sieben Mannjahre in das Projekt investiert.

APOLLO befindet sich gerade in einem Übergangsstadium, in dem
Überlegungen über die endgültige Implementierung auf dem Anfang
1972 bei Lufthansa zu installierenden Großcomputersystem angestellt
werden. Bisher laufen daher die verschiedenen Teile noch auf verschiedenen Anlagen. Die Flugplantabellierungen einschließlich der
Erstellung des Tabellenflugplanes laufen auf einer Siemens 3003 und
erfordern jährlich etwa 200 h Rechenzeit. Sie werden in nächster
Zeit schrittweise auf die bei Lufthansa installierte UNIVAC 494 übernommen werden. Die Programme zur Erstellung des Flugzeugumlaufplanes und des Besatzungseinsatzplanes laufen auf einer externen
IBM 360/50 und erfordern einschließlich der dazugehörigen Auswertungen jeweils eine Rechenzeit von etwa einer halben Stunde je
Flotte und Lauf. Das Programm zur Liegezeitenplanung läuft auf
der UNIVAC 494 und erfordert je Lauf eine Rechenzeit von etwa 10
Minuten. Über das Programm zur Frequenzoptimierung und alle
übrigen Programme können zur Zeit noch keine repräsentativen
Angaben gemacht werden; wir erwarten dafür jedoch für das Jahr
1971 einen Anfall von insgesamt etwa 100 Stunden Rechenzeit auf
der UNIVAC 494. Darin sind die Restarbeiten für weitere Entwicklungen nicht enthalten.

D. Zusammenfassung

In dem beschriebenen Projekt wurde versucht, eine große Aufgabe
in kleinen Schritten zu verwirklichen und diese Schritte so zu planen,
daß vom Unternehmen erst dann Festlegungen auf Computer-Hardware
eingegangen werden müssen, wenn der Erfolg des ganzen Projektes
sicher ist. Selbst die Freistellung des Personals für die Entwicklungs-
arbeiten war risikoarm, da jeder einzelne Schritt unabhängig von der
Verwirklichung des ganzen Projektes nützlich ist.

Die Bearbeitung eines so großen Projektes in dieser Form erfordert
gewiß größere Anstrengungen in bezug auf Koordination und Kommunikation, als dies bei der Entwicklung eines Systems "in einem Guß"
der Fall ist. Aber selbst wenn die Entwicklung "in einem Guß" überhaupt möglich wäre, hat die eingeschlagene Vorgehensweise den
Vorteil, daß wesentliche Teile nicht unter dem Termindruck eines
starren Projektnetzplanes erstellt werden müssen. Solcher Druck
bewirkt in der Regel nur, daß die Flexibilität und Universalität des

Systemes geopfert wird und gerade dies konnte bei APOLLO vermieden werden.

Bei APOLLO ist gewährleistet, daß im Laufe der Zeit sicher fällig werdende Änderungen jederzeit und ohne Auswirkungen eingebaut werden können. Es ist aber auch sichergestellt, daß wesentliche Teile für später zu entwickelnde Programme zur kurzfristigen Disposition und Ablaufsteuerung verwendet werden können.

Literaturangaben

1. M. Etschmaier, P. Franke, "Long Term Scheduling of Aircraft Overhauls" Proceedings IX Agifors Symposium Broadway, England 1969

2. P. Franke, "Die Planung von Liegezeiten bei saisonal schwankender Ertragslage"; Diplomarbeit, Techn. Hochschule Darmstadt 1969

3. R. Grießhaber, "A Heuristic Model for the Impersonal Phase of Crew Scheduling" Proceedings VIII Agifors Symposium Princeton USA 1968

4. H. Richter, "Optimal Aircraft Rotations Based on Optimal Flight Timing" Proceedings VIII Agifors Symposium Princeton USA 1968

Disposition bei mehrstufigen Produktionsprozessen

— Erfahrungsbericht —

Von

Dipl.-Chem. A. Konrad
Badische Anilin- & Soda-Fabrik AG, Ludwigshafen

Inhalt

A. Problemstellung

Die Schwierigkeiten einer manuellen Fertigungssteuerung für eine
große und wachsende Anzahl verschiedener Produkte war der Anlaß,
im Jahre 1967 in einem Arbeitskreis Voraussetzungen und Möglichkeiten einer maschinellen Fertigungsdisposition zu untersuchen.
Der Produktionssektor, für den die Studie angefertigt wurde, hat
einen jährlichen Umsatz von ca. 300 Mio DM. Die in diesem Sektor
synthetisierten Farbstoffe werden fast ausnahmslos in diskontinuier-
licher Chargenproduktion über mehrere Produktionszwischenstufen
hinweg gefertigt.

B. Charakterisierung der Produktionsstruktur

Die wesentlichen Charakteristiken für den untersuchten Farbenbe-
reich sollen kurz erläutert werden. Durch ihre Aufzählung läßt sich
erkennen, an welchen Punkten wichtige Ansätze für eine schrittweise
elektronische Fertigungsablaufplanung liegen:

- ein erstes Merkmal der Produktion ist, daß aus einer relativ
  kleinen Anzahl an Rohstoffen durch eine fortschreitende Veredelung über eine Vielzahl an Zwischenprodukten die verkaufsfertigen Endprodukte erst nach Durchlaufen sehr vieler Produktionsstufen erhalten werden. Die Durchlaufzeiten vom Beginn der
  Bereitstellung des Rohstoffes bis zur Fertigstellung des typge-
  rechten Farbstoffs liegen in der Größenordnung von 1 bis 9 Monaten. Bis dahin läßt sich der Weg, den der Farbstoff genommen
  hat, über ca. 3 bis 15 Zwischenstufen zurückverfolgen.

- die Fertigung der einzelnen Zwischenstufen geschieht in mehreren getrennten Betrieben, von denen jeder über Apparaturen für
  ganz bestimmte Reaktionstypen verfügen (Lösungsmittel-, Säure-
  betriebe).

- ein Farbstoff durchläuft auf seinem Werdegang grundsätzlich
  mehrere Betriebe, wobei er vielfach in unterschiedlichen Ver-
  edelungsstadien in ein und denselben Betrieb zurückkommt.

- die Fertigung der einzelnen Zwischenstufen in den verschiedenen
  Betrieben erfolgt in Apparaturen, die jedesmal zu temporären

Fertigungsstraßen gekoppelt werden (z. B. Reaktionskessel - Nutsche - Destillierer - Verdünner - Presse). Innerhalb gewisser Grenzen sind die einzelnen Apparatetypen beliebig miteinander kombinierbar.

- die ca. 1200 verschiedenen Produkte, die in dem untersuchten Produktionssektor gefertigt werden, sind untereinander in Richtung Verkaufsprodukte in überproportional steigender Weise verästelt und verknüpft. Die in der 1. Abbildung dargestellten Produktionsstammbäume für einige Verkaufsprodukte lassen erkennen, daß ein manuelles Operieren bei ca. 500 Verkaufsprodukten unter den geschilderten Umständen in der Tat Schwierigkeiten bereiten muß.

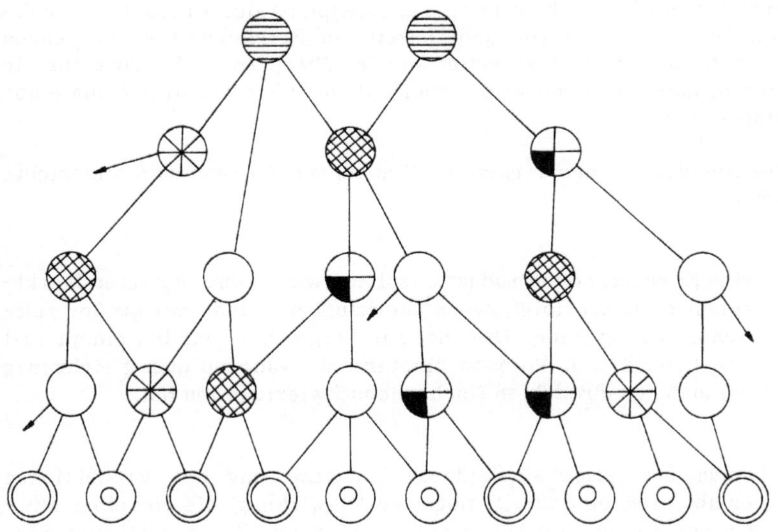

Abb. 1

In der Abbildung 1 repräsentiert jeder Kreis ein Produkt (Rohstoff, Zwischenprodukt, verkaufsfertigen Farbstoff). Die Veredelung der Produkte geht von "oben nach unten". Die unterschiedliche Schraffierung in den einzelnen Kreisen soll verdeutlichen, daß die chemische Reaktion in verschiedenen Betrieben erfolgt. Pfeile, die von einigen Produkten wegführen, zeigen, daß das jeweilige Produkt auch in andere, nicht eingezeichnete Produkte als Vorprodukt eingesetzt wird.

C. Das manuelle Dispositionsverfahren

Die Vielzahl der Produkte und die noch sehr viel größere Verflechtung
der Produkte untereinander erlaubte eine Produktionsablaufsteuerung
mit Hilfe manueller Mittel nur auf der Basis mehr oder weniger mittel-
fristiger und globaler Planungsmethoden. Diese mittelfristigen Planungen, Quartals- und Jahresprogramme, basierten auf Erfahrungs-
werten, Verkaufsvorausschauen, Auftragseingängen und Vorratsent-
wicklungen.

Aufgrund dieser Faktoren wurde vierteljährlich die für jedes Produkt
zu fertigende Menge bestimmt. Der Zeitpunkt der Produktion für das
einzelne Produkt wurde dem jeweiligen Betriebsleiter, in dessen
Betrieb das Produkt gefertigt wurde, überlassen. Er hatte nur die
Richtschnur, die Produktion innerhalb der nächsten drei Monate ab-
zuschließen.

Die Nachteile eines derartigen Planungsverfahrens sind offensicht-
lich:

- eine Korrektur des Produktionsplanes wegen unerwarteter Markt-
  entwicklungen erfolgt, wenn überhaupt möglich, mit großer zeitlicher Verzögerung. Dies hat zur Folge, daß man bei einem Teil
  der Produkte in Vorräte hineinrennt, während man gleichzeitig
  bei anderen Produkten Nachschubschwierigkeiten hat.

- durch die betriebsindividuelle Terminierung der Produktionen
  ergibt sich eine zweite negative Auswirkung: die einzelnen Produktionsketten werden in nicht zulässiger Weise auseinandergeri-
  rissen. Diese Tatsache führt dazu, daß praktisch jedes Produkt
  unabhängig vom anderen (vom Verbund) produziert wird, womit
  die Zwischenlagerzeit bis zur Weiterverarbeitung oft ein Mehrfaches der reinen Produktionszeit ausmacht. Die Folge davon ist
  eine viel zu hohe, strukturell falsche Kapitalbindung im Lager.

- die aus dem Quartalsprogramm resultierenden Produktionshöhen
  sind nicht differenziert genug. Eine Untersuchung ergab, daß bei
  vielen Produkten ein dreimonatiger Planungshorizont bei weitem
  zu hohe bei anderen, schwer zu synthetisierenden Produkten ge-
  fährlich niedrige Lagerbestände mit sich brachte.

D. Konzeption eines maschinellen Dispositionsverfahrens

Bei der Entwicklung eines maschinellen Steuerungssystems war als
erstes zu klären, wie detailliert die Steuerung erfolgen sollte. Für
eine Grobplanung als erstem Schritt genügt es, zwei wesentliche
Faktoren einer Fertigungsablaufplanung zu überwachen. Diese sind
einerseits die Berechnung der Produktions- und Lagermengen und
andererseits die Bestimmung der Produktionstermine für die einzelnen Produkte.

Eine Feinplanung muß darüber hinaus u. a. auch eine Apparatebele-
gungs- und Reihenfolgeplanung beinhalten. In diesem Zusammenhang
stellte sich dabei die Frage nach den zur Verfügung stehenden technischen Hilfsmitteln. Für eine Feinplanung muß ein beinahe perma-
nentes Meldungs- und Antwortsystem über zu belegende, belegte,
frei gewordene, in Reparatur befindliche usw. Apparate installiert
sein. Ein derartiges Datenerfassungs- und Übermittlungssystem war
aber 1967 noch nicht verfügbar. Außerdem würde die Entwicklung
eines so umfangreichen Projektes wahrscheinlich auch heute (1970)
noch nicht abgeschlossen sein.

I. Arbeitsweise und Zielsetzung der ersten Ausbaustufe

Die erste Phase einer maschinellen Fertigungsablaufplanung war also
darauf gerichtet, die Produktion nach Menge und Termin zu steuern.
Zielsetzung war dabei, die durchschnittliche Lieferbereitschaft auf
allen Stufen zu erhöhen, die Lagerhaltung zu verbessern sowie den
gesamten Produktionsverbund transparenter zu gestalten. Unter dem
letzten Punkt ist zunächst zu verstehen, daß jede wesentliche Um-
schichtung der Marktnachfrage frühzeitig registriert und die daraus
resultierenden Konsequenzen auf die Produktionen aller vorgelagerten
Stufen exakt berechnet werden können.

1. Zweckmäßige Datenorganisation als Instrument der maschinellen Disposition

Eine wesentliche Aufgabe für die Funktionstüchtigkeit des maschinellen Dispositionssystems lag in der Konstruktion einer Datenorga-
nisation, mit deren Hilfe die Produktionsstammbäume der einzelnen
Produkte jederzeit sehr schnell reproduziert werden können.

Aus der Natur der Sache bot sich eine Trennung in Verkaufsprodukte
und Zwischenprodukte an. Das Bindeglied zwischen den einzelnen

Produkten bilden die für jedes Produkt existierenden Rezepturen. Die 2. Abbildung zeigt anhand eines stilisierten Produktionsverbundes die Form der Datenspeicherung und Verknüpfung der Produkte untereinander.

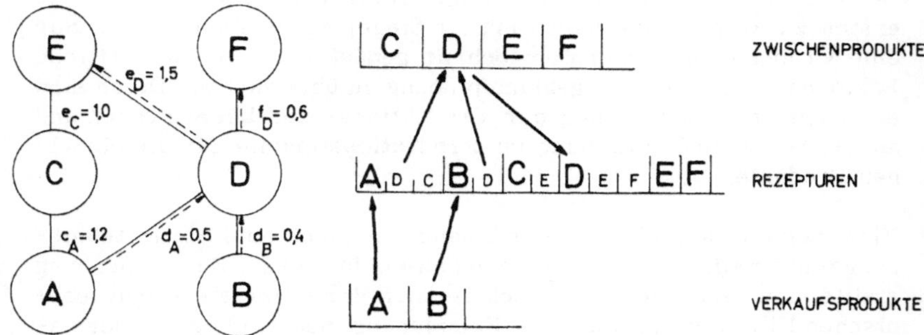

Abb. 2: Regelkreisdarstellung der Systemgestaltungsphasen und ihrer Teilaufgaben

Wie aus der Zeichnung ersichtlich ist, existieren drei zentrale Dateien (Verkaufsprodukte, Zwischenprodukte, Rezepturen), deren Elemente durch Adressverkettungen so miteinander verknüpft sind, daß für jedes Produkt der Stammbaum in direktem Zugriff verfügbar ist. Im linken Teil der Abbildung 2 wurden die Wege von A und B über D nach E und F gestrichelt eingezeichnet. Diese Wege sind im rechten Teil der Zeichnung durch Verkettungen nachvollzogen. Diese Datenspeicherung erlaubt neben einer sehr schnellen und gezielten Rekonstruktion von Stammbäumen die Durchführung verschiedenartiger Rechenoperationen.

Als erste mögliche Operation soll die Berechnung des Vor- und Zwischenproduktebedarfs über das Adresskett-Verfahren anhand der Abbildung 2 demonstriert werden. Dazu wurde zu jedem Pfeil, der zwei Produkte verbindet, ein Koeffizient eingezeichnet, der angibt, wieviel Einheiten vom jeweiligen Vorprodukt benötigt werden, um eine Einheit vom nachfolgenden Produkt zu erzeugen. Diese Angaben sind in den Rezepturen gespeichert. In der Zeichnung bedeutet z. B. der Koeffizient d_B (= 0, 4), daß von Produkt D gerade d_B Einheiten nötig sind, um eine Einheit B herzustellen.

Mit statistischen Vorhersageverfahren wird für jedes Verkaufsprodukt der wahrscheinliche Absatz für die nächsten Perioden (Monate) aus den Absatzzahlen der Vergangenheit extrapoliert. Die zur Erfüllung des Verkaufsprogramms notwendigen Mengen an Vorprodukten werden iterativ aus den Verkaufsschätzungen abgeleitet. Iterativ bedeutet dabei, daß für jedes einzelne Verkaufsprodukt zunächst

dessen Produktionsstammbaum ermittelt wird, und die Bedarfswerte
an Vorprodukten nur in bezug auf die Verkaufsschätzungen dieses
einen Verkaufsprodukts errechnet werden. Die Fortschreibung der
jeweiligen Einzelwerte ergibt am Schluß der Rechnung die zur Erfüllung des Verkaufsprogramms notwendigen Mengen an Vorprodukten.

Für das Verkaufsprodukt A in Abbildung 2 wird über das Adresskett-Verfahren folgendes System an Gleichungen aufgebaut:

$$X_A = \text{gegeben} \qquad\qquad X_A = 100$$

$$X_C^A = c_A \times X_A \qquad\qquad X_C^A = 1,2 \times 100 = 120$$

$$X_D^A = d_A \times X_A \qquad\qquad X_D^A = 0,5 \times 100 = 50$$

$$X_E^A = e_C \times X_C^A + e_d \times X_D^A \qquad X_E^A = 1,0 \times 120 + 1,5 \times 50 = 195$$

$$X_F^A = f_D \times X_D^A \qquad\qquad X_F^A = 0,6 \times 50 = 30$$

Dabei bedeuten X_A = Verkaufsschätzung für Produkt A während einer
Periode

X_C^A = Bedarf von Produkt C, der für die Produktion
von X_A benötigt wird

Das Vorgehen bei der Hochrechnung des Vorproduktebedarfs in bezug
auf das Verkaufsprodukt B ist analog dem bei A: es wird wieder das
zugehörige Gleichungssystem über das Adresskett-Verfahren ermittelt und die Teilmengen aus den Schätzungen von B errechnet.

$$X_B = \text{gegeben} \qquad\qquad X_B = 200$$

$$X_D^B = d_B \times X_B \qquad\qquad X_D^B = 0,4 \times 200 = 80$$

$$X_E^B = e_D \times X_D^B \qquad\qquad X_E^B = 1,5 \times 80 = 120$$

$$X_F^B = f_D \times X_D^B \qquad\qquad X_F^B = 0,6 \times 80 = 48$$

Der Gesamtbedarf für die Verkaufsprodukte C, D, E und F ergibt
sich jetzt als Summe der Teilmengen.

$$X_C = X_C^A \qquad\qquad X_C = 120$$

$$X_D = X_D^A + X_D^B \qquad\qquad X_D = 50 + 80 = 130$$

$$X_E = X_E^A + X_E^B \qquad\qquad X_E = 195 + 120 = 315$$

$$X_F = X_F^A + X_F^B \qquad\qquad X_F = 30 + 48 = 78$$

Dieses an einem einfachen Beispiel demonstrierte Verfahren erlaubt eine sehr exakte und außerdem schnell durchführbare Berechnung der Bedarfsmengen aller Vorprodukte. In praxi können simultan beliebig viele Periodenwerte für die einzelnen Verkaufsprodukte in einem Durchlauf hochgerechnet werden. Die besonderen Eigenschaften des Adresskett-Verfahrens lassen sich bei dem zweiten wichtigen Teilgebiet des maschinellen Dispositionsverfahrens der Terminrechnung, zunutze machen. Die Zusammenfügung der Produktionsstammbäume ist im Grunde nichts anderes als die in der Netzwerktechnik überlicherweise erfolgende topologische Strukturierung der Aktivitäten eines Netzes. Da - wie unter 2. beschrieben - für die Verkaufs- und zentralen Vorprodukte die jeweiligen Produktionszeitpunkte errechnet werden können, läßt sich mit den für jedes Produkt bekannten Produktionszeiten auf ähnliche Weise, wie dies bei der Mengenrechnung vorgeführt wurde, auch eine Terminrechnung für die Produktionen der Vorstufen anstellen.

2. Steuer- und Regelgrößen des maschinellen Dispositionssystems

Um die Produktion im Hinblick auf die vorgegebenen Zielsetzungen - Lieferbereitschaft erhöhen, Lagerhaltung verbessern, Durchlaufzeiten senken - zu steuern, müssen einige strategische Größen definiert werden, die zur Erreichung dieser Ziele beitragen.

Die zur Verbesserung der Lagerhaltung angewandte Steuergröße ist der für alle Verkaufs- und ausgewählte Vorprodukte errechnete Bestellpunkt. Dieser Bestellpunkt dient als Regulator für die Lagerbevorratung bei den einzelnen Produkten und damit gleichzeitig als Impulsgeber für den Start der notwendigen Produktionen. Der Grundgedanke bei der Fixierung des Bestellpunktes eines Produkts ist die Überlegung, daß die Verbräuche eines Produktes, die während der Produktionszeit des Produkts auftreten, durch effektive Lagervorräte bzw. durch Lagerauffüllungen (terminierte Produktionszusagen), abgedeckt sind. Die Bestellpunkte der Produkte ergeben sich damit gleitend aus den Produktionszeiten und den Verkaufs- bzw. Verbrauchsschätzungen für die einzelnen Perioden.

Durch dieses sog. Bestellpunktverfahren hat man eine entscheidende Verbesserung der Lagerstrategie gegenüber dem manuellen Verfahren, da sie neben den Verbräuchen eine weitere relevante Komponente, die Produktionszeit, für jedes Produkt individuell mit in ihr Kalkül einbezieht. In der Tat ergab sich durch die Bestellpunktrechnung eine bedeutende Umstrukturierung der gesamten Lagerhaltung auf der einen und insgesamt eine Reduzierung der Lagervorräte um ca. 5 % auf der anderen Seite.

Der eingangs erwähnte Umstand, daß bei den manuellen Quartalsprogrammen praktisch jedes Produkt unabhängig vom anderen produziert wurde, führte dazu, daß die sich einer Produktion anschließenden Zwischenlagerzeit eines Produkts ein Mehrfaches der reinen Produktionszeit ausmachte. Beim jetzigen elektronischen Verfahren wird nicht mehr betriebsindividuell vorgegangen. Der Produktionstermin für die einzelnen Produkte wird im Verbund mit den Terminen der Vorstufen ermittelt. Dies hat zur Folge, daß der Durchfluß eines Farbstoffs über seine Vorstufen erheblich beschleunigt wird.

Anhand der Abbildung 3 wird deutlich, wie die Produktionstermine von Produktionsketten ermittelt werden.

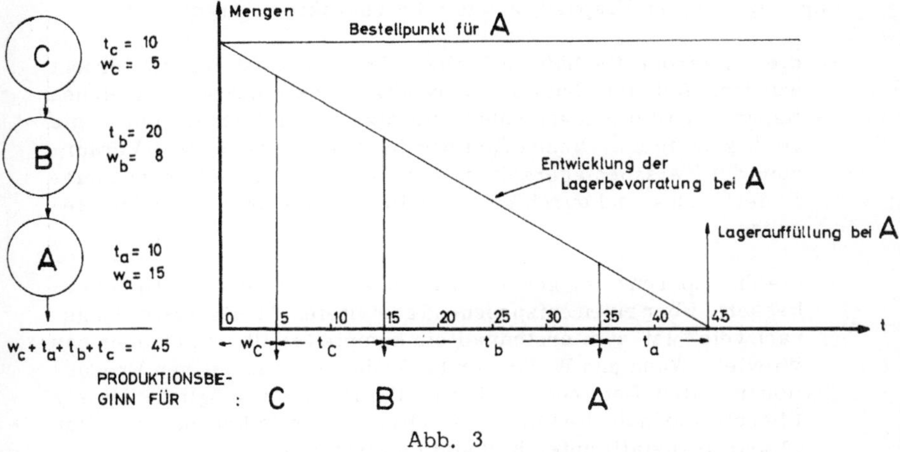

Abb. 3

Die Produktionszeiten zur Fertigung der jeweils angeforderten Mengen der Produkte A, B und C sind t_a, t_b und t_c. w_a, w_b und w_c sind die durchschnittlichen, aus Vergangenheitswerten errechneten Wartezeiten, die verstreichen, bis die Produkte ein leeres Apparatesystem vorfinden.

Die Einteilung der Produkte in Lagerprodukte (Produkt A) und Nichtlagerprodukte (Produkt B und C) hat folgende Konsequenzen im Hinblick auf die Zeitpunkte der Produktionsanstöße: Die Produkte B und

C haben ex definitione keine Lagervorräte. Aus diesem Grunde muß für das Lagerprodukt A der Bestellpunkt so hoch angesetzt werden, daß die Vorlaufzeiten der Produkte B und C durch Lagervorräte und/oder terminierte Produktionszusagen bei A abgedeckt sind. Gleichzeitig muß aber, da die Produkte A, B und C stets im Verbund produziert werden, nur die Wartezeit des zuerst zu fertigenden Produkts (hier Produkt C) als Zeitkomponente in der Bestellpunktrechnung berücksichtigt werden. Würde keine Unterscheidung in Lager- und Nichtlagerprodukte getroffen werden, ergäbe sich eine insgesamt höhere Lagerbevorratung, da für jedes einzelne Produkt die Wartezeit in dessen Bestellgrenze einfließen würde.

Aus Abbildung 3 wird deutlich, zu welchem Termin die drei Produkte gefertigt werden müssen, damit das Folgeprodukt ohne Verzögerung produziert werden und Produkt A rechtzeitig sein Lager wieder auffüllen kann.

3. Ergebnis der ersten Phase einer maschinellen Fertigungsablaufplanung

Zusammenfassend lassen sich die Resultate der ersten Ausbaustufe der maschinellen Disposition wie folgt charakterisieren:

- die Lieferbereitschaft auf allen Produktionsstufen ist erhöht worden. Auf der Seite der Verkaufsprodukte wurde bei gleichen Kapazitäten der mengenmäßige Absatz im Durchschnitt um 15 bis 20 % gesteigert. Dieses Ziel wurde erreicht durch eine Verkürzung der Zwischenlagerzeiten, durch eine strukturell verbesserte Lagerhaltung und durch ein schnelles Reagieren auf Marktbewegungen.

- die Transparenz der gesamten Produktion wurde wesentlich verbessert. Über einen entsprechend gestalteten "Teileverwendungsnachweis" ist zum erstenmal ein kompletter Überblick über das Wieviel, Wann und Wofür der laufenden und zukünftigen Produktion in allen Betrieben und für alle Produkte möglich. Dieser Überblick erlaubt die Vergabe von Prioritäten in kritischen Fällen (Apparateausfall) unter Kalkulation aller Risiken.

4. Organisatorischer Ablauf des Dispositionsverfahrens

In Abbildung 4 sind schematisch die Beziehungen des Dispositionssystems zu anderen Arbeitsgebieten bzw. Institutionen dargestellt.

Aus der in ① eingezeichneten Verkaufsplanung werden halbjährlich die neuen Verkaufsschätzungen für die nächsten zwölf Monate übernommen und die Bedarfe der Vorprodukte daraus neu berechnet. Als

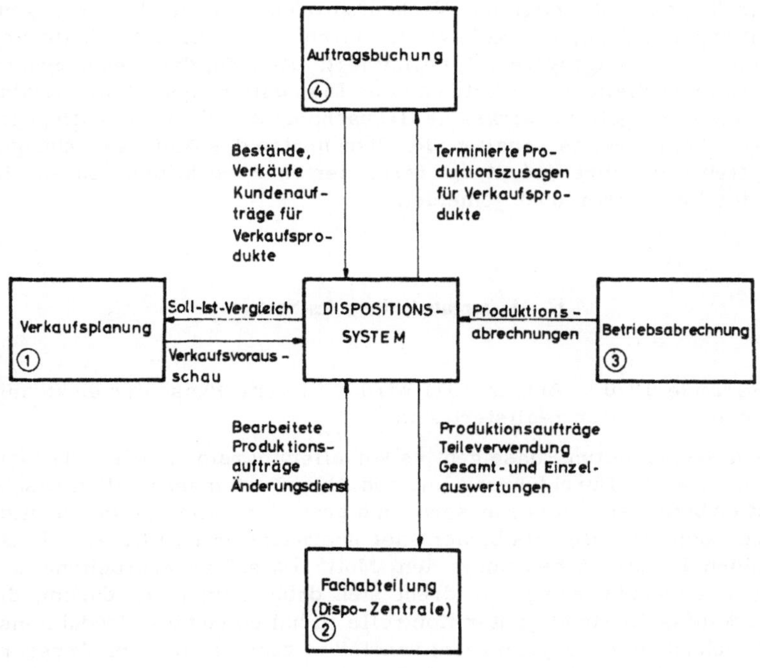

Abb. 4

Institution (Verkauf) meldet ①, wenn sich Änderungen für einzelne
Produkte abzeichnen. Das Dispositionssystem ist daraufhin in der
Lage, Produktionen gezielt entweder zu veranlassen bzw. zu stor-
nieren. Ein monatlicher Soll-Ist-Vergleich zeigt ①, wie gut die
Schätzungen der Vergangenheit mit der Realität übereinstimmen.

Die Dispositionszentrale ② der Fachabteilung dient der Kommunikation zwischen dem Rechner und den Betrieben. Über sie laufen alle
vom System ausgedruckten Produktionsaufträge und anderen Listen.
Vor jedem neuen Lauf meldet ② die bearbeiteten Aufträge zurück
und gibt Änderungen der Parameter (Zeiten, Losgrößen, Rezepturen etc.) auf. In Zusammenarbeit mit den Betrieben überwacht ②
die Einhaltung der Produktionstermine und -mengen und kontrolliert
die Abrechnung der Produktionen.

Ein Produktionsabrechnungsverfahren war bereits für Zwecke der
Lagerbuchhaltung und Nachkalkulation ③ aufgebaut. Es wurde mit
kleinen Modifikationen für das Dispositionssystem übernommen.
Hier dient es hauptsächlich dazu, die disponiblen Lagermengen der
Produkte auf dem laufenden zu halten und die Erledigung von Produk-
tionsaufträgen kenntlich zu machen.

Die Vorgänge auf seiten der Verkaufsprodukte: Bestandsänderungen, Auftragseingänge, Verkäufe werden durch ein permanent arbeitendes Auftragsbuchungssystem ④ registriert. Dadurch, daß dieses System periodisch die neuesten Daten an das Dispositionssystem weitergibt, ist eine sehr gute und wirksame Beobachtung der Verkaufsseite gegeben. Andererseits erhalten die Disponenten des Auftragsbuchungssystems für ihre Arbeit die terminierten Produktionszusagen für jedes Verkaufsprodukt gemeldet.

II. Weiterentwicklung des Systems

Bis Ende 1970 / Anfang 1971 wird die zweite Phase der elektronischen Disposition realisiert sein.

In dieser zweiten Phase geht es vor allem darum, gewisse Techniken, die die Durchführung und den Ablauf der maschinellen Disposition betreffen, zu verbessern, und besonders wichtige Informationen noch schneller als bisher oder überhaupt erst zu liefern. Diese beiden Punkte stehen unter dem Motto Datenfernverarbeitung und Kurzzeitbeantwortung. Es dreht sich dabei zum einen darum, die Verkaufsseite ständig unter Kontrolle zu halten und die Produktionsabrechnungen quasi permanent vonstatten gehen zu lassen. Andererseits wird es möglich, innerhalb weniger Minuten alternative Produktionen durchzurechnen, was besonders dann wichtig ist, wenn der Verkauf bei Abschlüssen von Großaufträgen dem Kunden Terminzusagen machen muß bzw. ein Abschluß nur bei Einhaltung eines bestimmten Liefertermins zustande kommen kann. Der Gewinn der zweiten Phase gegenüber einem periodischen (wöchentlichen) Ablauf der ersten Phase liegt darin, daß das System ständig auf dem laufenden ist und gezielte Abfragen in bezug auf Produkte, Produkteketten usw. jederzeit gestartet werden können, wobei die Antwortzeiten innerhalb weniger Minuten liegen.

Der Informationsstand der Verantwortlichen und die Möglichkeit rechtzeitig korrigierend einzugreifen, wird dadurch in nicht zu unterschätzender Weise weiter anwachsen.

In einer dritten Phase wird das Problem der Apparatebelegungs- und Reihefolgeplanung aufgegriffen, nachdem auf der Seite der Datenerfassungsgeräte mittlerweile eine Palette leistungsfähiger und preislich diskutabler Systeme auf dem Markt angeboten wird. Als Lösungsweg zu einer Apparatebelegungs- und Reihefolgeplanung scheint dabei die Verwendung der Netzwerktechnik in Zusammenhang mit Prioritätsregeln wegen der Dimension des Problems der am meisten Erfolg versprechende zu sein.

E. Entwicklung und Software des maschinellen Dispositionssystems

Die erste Ausbaustufe des Systems war im wesentlichen Ende 1968 abgeschlossen. Bei der Entwicklung beteiligt waren von seiten Datenverarbeitung zwei Systemanalytiker und drei Programmierer. Auf der Seite der Fachabteilung war ein Chemiker als Kontaktmann verantwortlich für die Bestimmung der Grunddaten der Produktion, wie z. B. Produktionszeiten, Wartezeiten, technische Produktionsmindestmengen, Umrüstzeiten zur Errechnung wirtschaftlicher Kampagnenlängen etc.

Vor Einführung des maschinellen Verfahrens wurden die Betriebsleiter und Meister in vier Sitzungen über die Möglichkeiten und Notwendigkeiten der Steuerung des Systems durch Anpassung der Parameter (Zeiten, Mengen) anhand von Fallstudien vertraut gemacht.

Im wesentlichen laufen bei der wöchentlichen Disposition sieben Programme, die alle in PL 1 geschrieben sind. Die Programmgrößen liegen zwischen 60 K und 160 K. Die gesamte CPU-Zeit aller sieben Programme beträgt auf einem Modell 360/65 ca. 15 Minuten. Die Verweilzeit auf der Maschine ist wegen der großen Anzahl der Plattenzugriffe um eine Zehnerpotenz größer.

Alles in allem umfaßt das gesamte Gebiet ca. 30 Programme zur Datenpflege, Reorganisation, periodischen Einzel- und verdichteten Gesamtaufwertungen.

Als sehr zweckmäßig hat sich die Einrichtung einer sog. Dispositionszentrale als Stabsstelle der Fachabteilung erwiesen. Diese Stelle - übrigens ein schönes Beispiel dafür, wie sich organisatorische Fragen durch Sachzwänge von selbst regulieren - ist für die Koordinierung der Produktion in allen Betrieben verantwortlich und als Schaltstelle zwischen der Fachabteilung und Datenverarbeitung tätig.

Erfahrungen mit der Planung
von computer-gestützten Entscheidungssystemen

— Erfahrungsbericht —

Von

Dipl.-Kfm. M. Vaupel
SKF Kugellagerfabriken GmbH, Schweinfurt

Inhalt

A. Einführung

Gegenwärtig ist ein Boom an Planungsarbeiten für integrierte Informations- und Entscheidungssysteme zu verzeichnen. In sehr vielen Unternehmen fragen sich die Leiter, die Benutzer und die Organisatoren, ob ihre Datenverarbeitung genügend leistet oder zu leisten beabsichtigt. Antrieb für die Einstellung ist einerseits das Bestreben oder der Zwang, die Qualität der vielfältigen Entscheidungen im Unternehmen zu verbessern. Andererseits reizt die stetig steigende Leistungsfähigkeit der Computerhardware und -software zum Gebrauch.

Integrierte Informations- und Entscheidungssysteme werden ganz sicher kommen, die Frage ist aber, ob sie schon innerhalb der am meisten üblichen Planungsperiode von 4 bis 5 Jahren erreichbar sind. Nur eine sehr nüchterne und sehr realistische Planungsarbeit kann diese Frage für ein Unternehmen beantworten.

Dabei sind drei Tatbestände gleich gewichtet zu sehen:

1. Es kommt darauf an, zu erarbeiten, welche Leistungen Informations- und Entscheidungssysteme zu erbringen haben.

2. Es ist ebenso wichtig, klar herauszustellen, welcher Aufwand zu betreiben ist, um die Systemanalyse und Programmierung für ein Informations- und Entscheidungssystem zu bewältigen.

3. In einem frühen Planungsstadium ist auszusagen, ob überhaupt die benötigte Computerkapazität bereitgestellt werden kann, die anfallenden umfangreichen Dateien zu speichern und zu ihnen zuzugreifen, denn Planungsarbeiten, die - extrem gesagt - nur die Konzeption der Anwendungssysteme bestreichen, schweben im Raum und werden später nur in unbefriedigenden Teilabschnitten realisiert.

B. Ausgangssituation

Im folgenden wird näher eingegangen auf die Situation eines Unternehmens und der dort bislang gemachten Erfahrungen mit der Planung computer-gestützter Informations- und Entscheidungssysteme.

Das Unternehmen stellt Wälzlager her und ist somit Zulieferer für andere Industrien; es erreichte zuletzt einen Umsatz von 600 Millionen DM bei 15 000 Beschäftigten und deckte 37 % des Wälzlagerbedarfs der Bundesrepublik.

Für den, der in den Kategorien der Datenverarbeitung denkt, bietet das Unternehmen ein reiches Betätigungsfeld.

Es gilt unter anderem, die richtigen Beziehungen zwischen 20 000 Wälzlagertypen und 3 000 Kunden bei mehreren Werken und Vertriebswegen zu knüpfen. Der Auftragsbestand ist kürzer als die Produktionszeit. Darum sind schwierige planerische und dispositive Entscheidungen zu fällen.

Datenverarbeitung wird seit 1958 betrieben. Inzwischen unterstützt der Output von drei Computern, ein Modell IBM 360/50 und zwei Modelle IBM 360/30, im 3-Schichtbetrieb die Entscheidungen, die im Unternehmen zu fällen sind.

Hier ist natürlich schnell hinzuzufügen, daß das Unterstützen der Entscheidungen im wesentlichen heißt: sorgfältiges, schnelles und einigermaßen komplexes Erfassen und Zusammenstellen von zahlenmäßig erfaßbaren Ereignissen im Unternehmen. Diese Informationen werden an die untere, höchstens mittlere Hierarchie des Unternehmens weitergeleitet. Die Gruppenleiter und Abteilungsleiter benutzen diese Informationen dann sowohl für Entscheidungen, die in ihrem Verantwortungsbereich liegen, als auch, um die höheren Vorgesetzten zu unterrichten oder mit Entscheidungsalternativen zu versorgen.

Man kann im übrigen sagen, daß diese Art Informationsverarbeitung bzw. Entscheidungsunterstützung im Unternehmen ziemlich gut funktioniert, da die gegenwärtigen Anwendungen der Datenverarbeitung breit gestreut sind.

Sie schließen z. B. ein: ausführliche kunden- und produktbezogene Analysen, Kundenauftragsabwicklung, wesentliche Teile der Fertigungssteuerung, Betriebsabrechnung, Finanzrechnung, Personalabrechnung, technisch/wissenschaftliche Berechnungen.

Alle Anwendungen sind jedoch so unvollkommen, wie Datenverarbeitung heutzutage meistens ist.

Darum geht man davon aus, daß mit den neuen Computertechniken, die mit Datenbank, Realtime, Teleprocessing charakterisiert seien, auch neuartige Anwendungen der Datenverarbeitung kommen; sie werden ein weit höheres Niveau erlauben. Die Kluft zwischen den Anforderungen an ein Anwendungssystem und dem was realisiert werden kann, wird kleiner werden.

C. Beginn der Planung eines computer-gestützten Entscheidungssystems

Vor einem Jahr wurde die Zukunftsplanung für Datenverarbeitung gestartet. Die Planungsarbeiten werden von oberen Führungskräften, die unmittelbar den Geschäftsführern unterstehen, geleistet. Beteiligt sind alle Ressorts, die kommerziellen und die technischen. Beim Leiter der Organisation und Datenverarbeitung liegt die Steuerung dieser Arbeiten.

Vor dem Start der Planungsarbeiten wurde auch abgewogen, ob diese Arbeiten nicht einem Spezialistenteam übertragen werden sollten. Es wurde der aktiven Beteiligung von Führungskräften der Vorzug gegeben, weil wir glauben, dadurch besser die tatsächlichen Bedürfnisse des Unternehmens herausarbeiten zu können. Es wird in Kauf genommen, daß wir dadurch nur eine Teilzeitplanungsarbeit haben. Die beteiligten Führungskräfte wurden in mehreren Seminaren mit der Datenverarbeitung systematisch vertraut gemacht.

Die Planungsarbeiten hatten einen interesanten Verlauf.

I. 1. Phase -Zielsetzung: totales Integrationssystem

In der ersten Phase wurde eine Art totale Anwendung der Datenverarbeitung angestrebt. Es wurde der Versuch gemacht, alle Datenverarbeitungsaufgaben des Unternehmens, und zwar in gewisser Anlehnung an das Kölner Integrationsmodell zu erfassen und zu begreifen. Man sah sich sehr schnell mit anschwellendem Material konfrontiert. Eine Fülle von Datenverarbeitungsaufgaben wurde in drei Monaten zusammengetragen.

Darunter war zum Beispiel die Aufgabe, optimale Wartungszeiten für Fertigungsmaschinen zu ermitteln. Diese Aufgabe ist für sich betrachtet lösbar und verspricht einen einigermaßen berechenbaren Nutzen. Wie aber herausfinden, ob diese Aufgabe wirklich in Angriff genommen werden soll, denn diese Aufgabe hatte sehr viele Konkurrenten mit etwa gleichem Nutzen.

Die gesamte Sammlung der Datenverarbeitungsaufgaben erzeugte eine gute Übersicht über die vielen Probleme im Unternehmen, die darauf warten, einer besseren Lösung zugeführt zu werden. Die Sammlung unterstützte aber die Entscheidung, was nun zur Realisierung tatsächlich anzupacken sei, zu wenig.

II.   2. Phase -Zielsetzung: Konzipierung eines Teilsystems

Jedenfalls wurde in einer zweiten, anschließenden Planungsphase
eine andere Position bezogen. Wir gingen aus von den künftigen Zielsetzungen des Unternehmens und brachten sie in Verbindung mit der
künftigen Datenverarbeitung. Es kam sehr entgegen, daß diese Zielsetzungen wegen Einführung eines neuen Führungskonzeptes aus diesem Anlaß ohnehin schriftlich fixiert wurden.

Es ergab sich, daß die Zielsetzungen, die im Zusammenhang mit der
Behauptung des Unternehmens auf dem Markt stehen, ohne den Einsatz eines leistungsfähigen organisatorischen Systems nicht zu realisieren sind.

Die Konzentration auf diese Zielsetzungen führte zur Konzipierung
eines Teilsystems, das alle Aktivitäten des Unternehmens, die unmittelbar mit der Verbesserung unseres Lieferservice in Verbindung
stehen, einschließt, weil dieser in der Wälzlagerbranche als Wettbe-
werbskriterium mit zunehmender Bedeutung eingeschätzt wird.

Wir sagen Teilsystem, obwohl der Aufhänger Lieferservice in fast
alle Teile des Unternehmens verästelt ist und von fast allen Teilen
des Unternehmens Anstrengungen fordert. Denken wir an Bedarfs-
vorhersagen zur Kapazitätsbestimmung, an die Lagerbestandspolitik,
an einen schnellen Auftragsdurchlauf, an die Materialbeschaffung, an
die Vertriebs- und Fertigungskostenplanung und die Überwachung und
an die Steuerungsinformationen, die benötigt werden. Dieses Teilsystem ist wegen seines Umfangs ein Großprojekt. Andere Teilsysteme kommen noch hinzu.

D. Konsequenzen und Erfahrungen

I. Computer-gestützte Entscheidungssysteme für das Top-Management

Mit der Auffassung, daß sich die künftigen Anwendungssysteme der
Datenverarbeitung des hier geschilderten Unternehmens der Verbesserung des Lieferservice, diesen allerdings in einem weiten Sinne
verstanden, widmen müssen, haben wir natürlich einem computer-
gestützten Entscheidungssystem, das zusosagen als direkter Partner
des Unternehmensleiters und der obersten Führungskräfte arbeitet,
zunächst eine Absage erteilt. Wir bleiben in der sog. operierenden
Ebene des Unternehmens.

Wir haben dafür eine Begründung: die obersten Führungskräfte im
Unternehmen sind so ausreichend mit internen und externen Informationen versorgt, daß sie - jedenfalls in den nächsten Jahren - das
Unternehmen steuern können, d. h. Ziele erarbeiten und vorgeben
können.

Die Schwierigkeiten tauchen auf, wenn diese Ziele in die Tat umgesetzt werden müssen. Auf dem Weg nach unten und in die Breite,
verwässern die Ziele, erfordern sie zuviel Arbeitsaufwand, werden
sie auf die lange Bank geschoben.

II. Computer-gestützte Entscheidungssysteme für die operierende Ebene

Deshalb gilt die Hauptstoßrichtung der Datenverarbeitung in den
nächsten 5 Jahren primär der genannten operierenden Ebene im Unternehmen. Wir werden - Grenzen setzt die jeweils zu berechnende
Wirtschaftlichkeit - Sachbearbeiterentscheidungen so viel als möglich durch programmierte Entscheidungen ersetzen.

Ansätze dazu befinden sich natürlich heute auch schon in verschiedenen Anwendungssystemen. Beispielsweise bekommen die Verantwortlichen der einzelnen Werkstätten jeden Mittwochmorgen einen
Werkstattlieferplan, der anweist, welcher Arbeitsgang, wo und wann
auszuführen ist. Dahinter steckt eine Kapazitäts- und Terminierungs-
rechnung einschließlich eines Datenerfassungssystems für Lohn- und
Produktionsdaten. Diese Systeme werden neben vielen anderen über
die installierte IBM 360/50 abgewickelt. Ein weiteres Beispiel ist,
daß der Computer im Rahmen eines Systems Debitorenbuchhaltung
prüft, ob und welcher Mahnbrief fällig ist einschließlich ausdrucken
eines solchen.

Aber es wird noch zu wenig in dieser Richtung gemacht. Es ist kein
in sich geschlossenes System da, das beispielsweise von einer qualifizierten Bedarfsvorhersage bis zur Feinplanung in den Werkstätten
reicht und das durch Parameterveränderungen gesteuert werden
kann.

Wir werden an einem solchen System arbeiten und nehmen in Kauf,
daß wir entgegen manchen Vorhersagen auch in den nächsten Jahren
nur ein Teilsystem schaffen, gemessen an einem Management-Informationssystem, das das gesamte Unternehmen umfaßt.

E. Planungs- und Entwicklungsaufwand

Letztlich ist die Frage, wie umfassend die Datenverarbeitung in einem Unternehmen angepackt werden soll, eine Frage, welcher Entwicklungsaufwand in einem bestimmten Zeitraum in Kauf genommen werden soll, im wesentlichen also, wieviele Systementwickler und Programmierer eingesetzt werden sollen und können.

Bei der Berechnung des Entwicklungsaufwandes für die geplanten Systeme der operierenden Ebene kamen wir zu dem Ergebnis, daß allein dafür der Entwicklungsaufwand im Lauf von 4 Jahren mehr als verdoppelt werden muß. Bekannt ist das darin eingeschlossene Problem Systemanalytiker und Programmierer zu beschaffen, auszubilden und im Unternehmen zu halten.

Damit sei jedoch nicht gesagt, daß wir das Wachstum der Datenverarbeitung allein davon abhängig machen, wieviel Fachpersonal wir beschaffen können. Das Wachstum muß zudem so gesteuert werden, daß Sprünge von beispielsweise 40 Analytiker auf 120 in einem Jahr, was durchaus als Bedarf ausgerechnet werden könnte, vermieden werden. Ein Wachstum bis zu einer Größenordnung von 25 % je Jahr sehen wir als zu verkraften an, mehr nicht.

Natürlich ist auch Ausschau zu halten nach externen Quellen für Anwendungssysteme.

Eine sehr gute Lösung wäre, wenn Anwendungssysteme, z. B. eine Kostenarten- und -stellenrechnung bis herunter zu den Programmen vom Softwaremarkt bezogen werden könnten. Damit würde der Entwicklungsaufwand sowohl kosten- als auch zeitmäßig eingeschränkt werden. Aber es ist gegenwärtig ganz offen, ob derartige Anwendungssoftware von Computerherstellern oder Softwarehäusern verfügbar gemacht werden.

Dagegen scheinen Konzernunternehmen, die sich aus mehreren Gesellschaften oder Werken zusammensetzen, noch zu wenig Gebrauch von der Möglichkeit zu machen, die Entwicklung von Systemen zentral vorzunehmen.

Das hier geschilderte Unternehmen, das mehrere Schwestergesellschaften im europäischen Raum hat, sieht jedenfalls in einer straffen Kooperation bei der Entwicklung von Systemen die hauptsächliche Quelle zur Einschränkung von Entwicklungskosten und -zeit.

Erfahrungsaustausch mit befreundeten Unternehmen führt in der Regel nicht zu meßbaren Erfolgen, wurde im vorliegenden Fall dennoch gepflegt, allerdings mit der eingeschränkten Zielsetzung, die Grundlinien der Datenverarbeitungspolitik für das eigene Unternehmen zu festigen.

Die Vorausberechnung der benötigten Computergröße führte ebenso zu nachdenklich machenden Ergebnissen. Es zeigte sich nämlich, daß eine Realisierung der geplanten Anwendungssysteme mit heute verfügbaren Computern zu einem dreifach höheren Mietvolumen als zur Zeit führen würde. Darum wird unterstellt, daß zum Zeitpunkt der Einführung der geplanten Systeme Computerhardware und -software angeboten wird, die ein günstigeres Kosten/Leistungsverhältnis hat als gegenwärtig. Die kürzliche Ankündigung der IBM 370 ist - als IBM-Kunde gesehen - ein notwendiger Schritt in der gewünschten Richtung.

F. Schlußbemerkung, Folgerungen

Alle Planungsergebnisse zusammen haben also die Erkenntnis gebracht, daß wir in den nächsten vier bis fünf Jahren keine computergestützten Entscheidungssysteme realisieren können, die sowohl als Partner der obersten Führungskräfte als auch der operierenden Ebene arbeiten.

Der ersten Planungsphase: Anstreben eines allumfassenden Informationssystems und der zweiten Phase: Konzentration auf ein großes und mehrere kleinere Teilsysteme, die zudem überwiegend in der und für die operierende Ebene bzw. die untere und mittlere Führungsschicht im Unternehmen arbeiten, schloß sich noch eine dritte Phase an.

Um die Teilsysteme zusammenzuhalten, werden sie alle der im Unternehmen existierenden Unternehmensplanungsrechnung zu- oder untergeordnet. Damit wird eine Art vertikaler Integration erreicht und zugleich sichergestellt, daß die Unternehmensplanungsrechnung von der operierenden Ebene her besser als bisher mit Daten versorgt wird.

Die gewonnenen Erfahrungen lassen wohl folgende Verallgemeinerungen zu:

1. Obwohl die neuen Computertechniken eine weitestgehende Inte-

gration aller Datenverarbeitungsaufgaben ermöglichen, müssen wegen des unverhältnismäßig hohen Entwicklungsaufwandes Prioritäten erarbeitet werden.

2. Die Prioritäten können nur gefunden werden, indem alle Ressorts oder Funktionen eines Unternehmens zusammenarbeiten.

3. Eine der wichtigsten Entscheidungen liegt darin, festzustellen, welcher Führungsebene im Unternehmen zuerst computergestützte Entscheidungssysteme zur Seite gestellt werden sollen.

4. Der Zeitraum, für den einmal getroffene Entscheidungen Gültigkeit haben, umfaßt je nach Größe des Unternehmens 4 bis 5 Jahre.

5. Der Entwicklungsaufwand für Systeme, die viele programmierte Entscheidungen enthalten, ist mehr als doppelt so groß wie für herkömmliche Systeme.

Eine letzte Erkenntnis der gemachten Planungsarbeiten war, daß auch die Jahre 1975 bis 1980 vollgepackt sein werden mit zu lösenden Datenverarbeitungsaufgaben. Der zu erbringende Entwicklungsaufwand hat seinen Höhepunkt nicht in den nächsten fünf Jahren allein, um dann abzufallen, sondern wird weiter steigen.

III. Entscheidungshilfen durch eine effiziente Datenorganisation und Datenverwaltung

Dokumentation als Entscheidungshilfe

— Erfahrungsbericht —

Von

M. Hoffmann

Deutsche Revisions- und Treuhand AG, Frankfurt

Inhalt

A. Einführung

Dokumentation ist ein vielschichtiger Begriff. Es soll hier unter Dokumentation die Speicherung bestimmter Datenmengen verstanden werden, die es möglich macht, Einzeldaten aus der Datenmenge nach bestimmten Gesichtspunkten wieder zugänglich zu machen. Die Speicherung ist unabhängig von der automatischen Datenverarbeitung, wie das Beispiel gewisser Randlochkarten-Systeme zeigt. Wenn im folgenden von Dokumentation die Rede ist, wird darunter immer die Dokumentation mit Hilfe automatischer Datenverarbeitung verstanden. Der englische Fachausdruck für diese Anwendung der Datenverarbeitung lautet "information retrieval", also Informationswiedergewinnung, ein Ausdruck, der besser als der deutsche den Vorgang des Heraussuchens von Daten charakterisiert.

Die Gesichtspunkte, nach denen die gespeicherten Daten wieder sichtbar gemacht werden, können etwa Fragen sein wie "alle Kunden mit einem Umsatz größer als 1000 DM", "alle Zeitschriftenaufsätze über Laser und Datenspeicherung", "alle Verbrecher mit der Eigenschaft, Geldschränke mit Dynamit aufzuknacken oder eine rote Krawatte zu tragen", "Urteile bei Wirtschaftsverbrechen mit einem Wert von mehr als 1 Mio DM", "MAZ-Aufzeichnungen über Besuche von Willi Brandt in Washington" oder "Patente über Einspritzpumpen für Kraftfahrzeuge".

Aus diesen wahllos herausgegriffenen Beispielen erkennt man, daß die Dokumentation ein weites Feld ist, und daß die denkbaren Anwendungen viele Bereiche in Wirtschaftsunternehmungen, in Staat und Gesellschaft sowie in der Forschung umfassen können.

Die Dokumentation mit Hilfe elektronischer Rechenanlagen ist nur wenig jünger als diese selbst. Trotzdem kann man heute noch nicht davon sprechen, daß auf diesem Gebiet ein "Durchbruch" erzielt sei. Über die Gründe dafür wird noch im Verlaufe dieses Berichtes zu sprechen sein.

Die ersten verwirklichten Anwendungen der Dokumentation stammen aus dem Bereich der Naturwissenschaften, insbesondere der Chemie, der Atomforschung und der Raumfahrt. In den Naturwissenschaften sind die zu dokumentierenden Auswahlbegriffe relativ eindeutig festgelegt, oder es besteht eine eindeutige Nomenklatur wie zum Beispiel in der Chemie. Als Beispiel für eine Dokumentation dieser Art sei die Bruttoformeldokumentation für die organische Chemie genannt.

Die Analyse einer Bruttoformel einer organischen Verbindung ist
verhältnismäßig einfach, die der Strukturformel dagegen nicht. Deshalb hat man alle Strukturformeln, die zu einer Bruttoformel gehören,
mit ihren charakteristischen Daten dokumentiert und in diesem Falle
in lexikographischer Ordnung der Bruttoformel sequenziell gespeichert. Der Chemiker kann nun nach der Analyse, die zu einer bestimmten Bruttoformel geführt hat, feststellen, welche bekannten
Strukturformeln hierzu gehören. Er wird hiermit zuerst einmal über
die Möglichkeiten informiert, und auf Grund der ihm nun bekannten
Daten kann er entscheiden, wie er weiter vorgehen muß, um eine
zu analysierende Substanz endgültig zu bestimmen.

Das ist ein besonders einleuchtender Fall für die Nützlichkeit der
Dokumentation: das bekannte Wissen ist in sinnvoller Form ange-
ordnet, der Chemiker kann einen gezielten Suchvorgang auslösen.
Damit werden langwierige Recherchen in Handbüchern und Zeit-
schriften vermieden, das gewünschte Ziel wird durch genau abge-
grenzte Informationen eher erreicht und die Effektivität des For-
schungslaboratoriums erhöht.

Andererseits ist diese Dokumentation ein besonders einfacher Fall:
die Struktur der Anfragen ist durch die vorhandene Nomenklatur
bereits festgelegt, so daß immer eine eindeutige Antwort erfolgt,
sofern nur die Bruttoformel in der Literatur bekannt ist und ihre
Analyse richtig war.

In vielen anderen Wissensbereichen besteht diese Eindeutigkeit nicht.
Dadurch gibt es grundsätzliche Schwierigkeiten für die Dokumentation.
Sie besteht darin, daß ein Begriff sehr vieldeutig sein kann - auch
dann, wenn man Homonyme ausschaltet - der Begriffsinhalt schwankt
von Fachgebiet zu Fachgebiet und innerhalb eines Fachgebietes unter
Umständen von Person zu Person. Die Naturwissenschaften und die
Mathematik sind die große Ausnahme, weil hier die Begriffe im wesentlichen eindeutig definiert sind. In der Physik wird auf der ganzen Welt
unter "Kraft" das gleiche verstanden, in der Philosophie dagegen
nicht. So kann es etwa passieren, daß ein Anfragender bei einem
Dokumentationssystem keine Antwort bekommt, obgleich genügend
Dokumente über seine Anfrage gespeichert sind, einfach deshalb,
weil der Dokumentar einen Begriff für einen Sachverhalt verwendet
hat, der dem Anfragenden nicht geläufig ist.

Die Probleme der Dokumentation liegen also mindestens zum Teil
vor der Rechenanlage. Deshalb bemüht man sich etwa für die juristische und die Patentdokumentation eine eindeutige und verbindliche
Begriffsbildung festzulegen. Noch besser wäre die Einführung von
reglementierter Sprache, die jeweils für bestimmte Fachgebiete den
Gebrauch der natürlichen Sprache so einschränkt, daß alle einzuge-

benden Dokumente in einer verbindlichen Semantik und Syntax geschrieben sein müssen.

Eine weitere Schwierigkeit liegt darin, daß die Begriffsbildung in
keinem Fachgebiet abgeschlossen ist, d. h. , im Laufe der Forschung
werden auf Grund von neuen Erkenntnissen neue Begriffe gebildet,
oder bei der Nachrichtendokumentation ist nicht von vornherein bekannt, ob ein neu gewählter Abgeordneter etwa in zehn Jahren Mini-
ster wird, ob also sein Name in den Begriffskatalog aufgenommen
werden soll oder nicht. Bei modernen Dokumentationssystemen versucht man diese Schwierigkeit dadurch zu umgehen, daß man praktisch
alle Wörter eines zu dokumentierenden Textes für das Begriffswör-
terbuch zuläßt. Es werden lediglich vorher festgelegte Trivialwörter
automatisch ausgeschieden.

B. Der Aufbau eines Dokumentationssystems

Die vorstehend einleitenden Bemerkungen enthalten schon zwei grund-
legende Funktionen, die ein Dokumentationssystem erfüllen muß: die
Speicherung der Dokumente und das Suchen der Dokumente nach bestimmten Begriffen. Um den Suchvorgang überhaupt durchführen zu
können, muß natürlich eine Verknüpfung zwischen den gespeicherten
Dokumenten und den in ihnen enthaltenen Begriffen bestehen. Von der
Art dieser Verknüpfung hängt entscheidend die Suchzeit nach den
Dokumenten ab. Wir wollen nun kurz den Aufbau eines Dokumentationssystems skizzieren.

I. Formatierte und nicht-formatierte Daten

Die zu speichernden Dokumente werden in Form eines Datensatzes
gespeichert. Der Datensatz kann eine feste Einteilung haben, dann
spricht man von formatierten Daten. Dabei hat im allgemeinen jedes
Feld des Datensatzes eine feste Bedeutung, etwa Namen, Vornamen,
Geburtstag usw. Der Datensatz kann auch völlig frei sein, wenn nur
ein beliebiger Text gespeichert wird, dann spricht man von nicht-
formatierten Daten. In vielen Fällen hat man eine Kombination zwischen beiden Formen wie z. B. in der Literaturdokumentation. Hier
hat man einmal die bibliographischen Daten wie Verfasser, Erschei-

nungsjahr und -ort, Zeitschrift usw. , die formatiert sind, und zum anderen einen kurzen beschreibenden Text des Inhalts. Dementsprechend kann ein Datensatz eine feste Länge haben oder auch nicht. Allerdings kann man bei formatierten Daten aus speicherökonomischen Gründen die Daten in dem Sinne komprimieren, daß man etwaige Leerstellen wegläßt und zusätzlich die Feldgrenzen markiert.

Dieser Unterschied zwischen formatierten und nicht-formatierten Daten kann von entscheidender Bedeutung beim Aufbau eines Dokumentationssystems sein. Bei formatierten Daten kann man die Datensätze fast immer nach dem Bedeutungsinhalt eines Feldes numerisch oder lexikographisch ordnen und dann etwa index-sequentiell auf Großraumspeichern ablegen und Neuzugänge entsprechend einordnen. Hierbei ergeben sich unter Umständen große Vorteile bezüglich der Suchzeiten. Andere Felder mit gleichem Bedeutungsinhalt kann man etwa durch Adressenangaben miteinander verknüpfen. Die Entscheidung über das anzuwendende Speicherverfahren hängt ausschließlich von der speziellen Anwendung ab und jeder Auswahl eines Dokumentationssystems hat eine eingehende Systemanalyse der Aufgabenstellung voranzugehen. Deshalb ist es im Rahmen dieses Aufsatzes nicht möglich, alle Spezialfälle zu behandeln.

II. Auswahl der Deskriptoren

Bei der Behandlung des Beispiels der Bruttoformeldokumentation im vorigen Abschnitt hatten wir gesehen, daß nur ein Begriff aus jedem Datensatz für die Recherche benötigt wurde, nämlich die Brutto - formel. Dadurch wurde das System besonders einfach und durchsichtig: der Datenbestand wurde gemäß der Bruttoformel geordnet und sequentiell durchsucht. Außerdem spielte die Suchzeit keine allzu große Rolle, so daß die Magnetbandspeicherung ausreichend war. Im allgemeinen wird man jedoch aus jedem Datensatz mehrere Suchbegriffe zulassen müssen. Nun kann man einen Datenbestand nicht nach mehreren Begriffen in einem Datensatz gleichzeitig ordnen. Natürlich könnte man nach einem Begriff ordnen, wie es oben im Fall der formatierten Daten beschrieben worden ist, aber das ist nur in Spezialfällen möglich.

Ein Beispiel soll dieses Problem verdeutlichen: der zugelassene Kraftfahrzeugbestand eines Landes sei auf Magnetbändern gespeichert. Der Bestand kann nun nach polizeilichem Kennzeichen geordnet sein. Bei einer Anfrage kann man relativ leicht den gewünschten Datensatz finden, wenn das polizeiliche Kennzeichen bekannt ist, zumal noch eine Vorauswahl nach dem Band möglich ist, das das geforderte Kennzeichen enthält. Ist dagegen nur der Fahrzeugtyp und die Fahrgestellnummer bekannt, so muß bei dieser Ordnung der ganze Bestand durchsucht werden. Um möglichst schnell arbeiten zu können, müßte der Gesamtbestand so oft geordnet gespeichert sein, wie Suchkriterien vorhanden sind. Das ist praktisch kaum durchführbar. Eine Ordnung nach einem Kriterium hat auch nur dann einen Sinn, wenn dieses Kriterium am häufigsten abgefragt wird. Ist das nicht der Fall, so ist die Ordnung der Datensätze völlig gleichgültig, da ohnehin jeweils der Gesamtbestand durchsucht werden muß und im Mittel die Hälfte des Bestandes durchläuft, bis das Ziel erreicht ist. Ein solches Vorgehen wäre nur dann sinnvoll, wenn die Zeit keine Rolle spielt und gleichzeitig mehrere Fragen gemeinsam abgewickelt werden können. Um das Ziel zu erreichen, möglichst schnell an Hand von Suchkriterien die Dokumente zu finden, die diese Suchkriterien enthalten, muß offenbar ein anderes Verfahren angewandt werden.

Die Suchbegriffe, bei der Dokumentation meist Deskriptoren genannt, sind, wie wir gesehen haben, die Grundlage für eine Recherche über den Dokumentationsbestand. Die erste Grundsatzfrage in diesem Zusammenhang ist die Festlegung der Deskriptoren, d. h. die Auswahl derjenigen Begriffe, Wörter, Zahlen oder auch beide kombiniert, die für eine Recherche zugelassen oder notwendig sind. Unter Wort soll im folgenden ein Begriff aus einem oder mehreren Zeichen verstanden werden, wobei die Zeichen Buchstaben, Zahlen oder Satz- und Sonderzeichen sein können. Es gibt nun Dokumentationssysteme, bei denen die zugelassenen Wörter vorher festgelegt werden müssen, bei denen sie bei der Eingabe in den Bestand markiert oder bei denen alle Wörter bei der Eingabe zugelassen sind und nur Trivialwörter automatisch ausgeschieden werden. Jedes Verfahren hat seine Vorteile und Nachteile.

Bei einem streng klassifizierten Datenbestand reicht das erste Verfahren völlig aus. Es hat zudem den Vorteil, das die einzugebenden Dokumente vor der Eingabe nur wenig zu bearbeiten sind. Das zweite Verfahren erfordert einen höheren Arbeitsaufwand vor der Eingabe. Die Subjektivität der Auswahl der zugelassenen Deskriptoren kann jedoch dazu führen, daß die Recherchen nur unvollkommene Ergebnisse bringen. Im dritten Fall ist diese Möglichkeit ausgeschlossen, wenn man von der möglichen subjektiven Beschreibung eines Textes absieht oder von der Subjektivität, die im Text selber liegt. Allerdings ist hier eine Nachbehandlung erforderlich: alle neu hinzugekommenen Begriffe müssen ausgedruckt und überprüft werden, ob sie endgültig in den Deskriptorenbestand aufgenommen werden sollen oder nicht.

III. Speicherung der Deskriptoren

Die zweite Grundsatzfrage in diesem Zusammenhang ist die Frage,
wie die Deskriptoren zu speichern sind und wie die Verbindung mit
den gespeicherten Dokumenten hergestellt wird. Sie müssen offenbar
unabhängig von den eigentlichen Dokumenten gespeichert werden. Den
Gesamtbestand der Deskriptoren eines Dokumentationssystems nennt
man Thesaurus. Der Thesaurus enthält beim ersten oben genannten
Verfahren eine im wesentlichen feste Menge von Deskriptoren, in
den beiden anderen Fällen wächst sie mit größerem Dokumentenbe-
stand, konvergiert jedoch gegen eine obere Grenze.

1. Aufbau des Thesaurus

Den Thesaurus wird man auf einem möglichst schnellen Speicher mit
direktem Zugriff ablegen. Die Wörter des Thesaurus sind dabei in
aufsteigender Reihenfolge geordnet. Dadurch entstehen gewisse
Schwierigkeiten, wenn neue Deskriptoren eingeordnet werden müssen.
Ein Problem, daß jedoch zu lösen ist. Die einfache Abspeicherung
der Deskriptoren reicht sicher nicht aus, da noch keine Verbindung
mit den gespeicherten Dokumenten besteht. Es muß also mindestens
noch eine Adresse hinzukommen, die eine solche Verbindung herstellt.
Darüber hinaus wird man noch die Häufigkeit des Auftretens der
Deskriptoren speichern und die Häufigkeit der Abfragen über diesen
Deskriptor. Gelegentlich nutzt man diese Zahlen aus, um Suchstra-
tegien für den Thesaurus durchzuführen, indem man etwa den Thesaurus so anordnet, daß die am häufigsten abgefragten Begriffe auch
zuerst gesucht werden. Das kann jedoch Folgen für den weiteren Ablauf des Suchvorgangs haben, in dem dann die eigentlichen Dokumente
gefunden werden sollen, die den oder die Deskriptoren enthalten,
nach denen gesucht wird. Das gilt insbesondere dann, wenn bei einer
Abfrage nach mehreren Deskriptoren gleichzeitig gesucht wird. Dieser Aufbau eines Thesaurus, der noch dazu zu häufigen Änderungen
in seiner Ordnung führen kann, ist deshalb nicht zweckmäßig, zumal
es Verfahren gibt, die sehr schnell die eingegebenen Deskriptoren
auffinden lassen.

2. Linguistische Probleme

Ein weiteres Problem für den Thesaurus ist die Frage der Behandlung der Synonyme, der Homonyme, der Wortstämme und der richtigen Schreibweise. Die Frage der Synonyme ist einfach zu lösen,
hier gibt man die Adresse des Synonyms an, unter der die Anschluß-
adresse für das weitere Suchverfahren gespeichert ist. Die Homony-

me müssen gemäß ihrer Bedeutung im Einzelfall gekennzeichnet werden, diese Tatsache muß auch bei der Recherche berücksichtigt werden. Bei guten Dokumentationssystemen wird man dem Fragenden anzeigen, daß seine Frage ein Homonym enthält, damit er die gewünschte Bedeutung des Wortes näher spezifizieren kann.

Die Behandlung der Wortstämme ist sehr schwierig. In vielen Fällen wird man das Problem überhaupt nicht lösen können, wenn man die natürlichen Sprachen völlig frei zuläßt. Es handelt sich hierbei um die Frage, ob man etwa Einzahl und Mehrzahl, Wörter mit verschiedenen Endungen bei Deklination und Konjugation und Teile von zusammengesetzten Wörtern als einen oder mehrere Deskriptoren zuläßt und wie man dann die Frage des Erkennens der Wortstämme in der Rechenanlage durchführt. Die einfachste Lösung wäre, Wörter mit gleichem Wortstamm zu Synonymen zu erklären und dementsprechend alle Wörter als Deskriptoren zuzulassen. Dieses Verfahren führt sicher zu gewissen Subjektivitäten. Ein automatisiertes Heraussuchen der Wortstämme kann jedoch zu mehrdeutigen Deskriptoren führen, man denke etwa an die Deskriptoren "Deutsche" und "Deutschland", die dann den Wortstamm "Deutsch" ergeben, wobei alle drei Begriffe eine verschiedene Bedeutung haben können. Jedenfalls sind eingehende linguistische Untersuchungen notwendig, um ein solches automatisches Verfahren einzuführen, zumal dann, wenn auch die Abfrage selbst in das Verfahren einbezogen wird. Ein ähnliches Problem tritt bei Wortkombinationen auf, etwa "Land der Deutschen" und "Deutschland" sind die gleichen Begriffe für den Recherchierenden, müssen also als Synonym angesehen werden. Es würde hier zu weit führen, diese Problematik ausführlich zu diskutieren. Eines wird jedoch klar: der Dokumentar hat eine große Verantwortung bei der Aufbereitung der einzugebenden Dokumente. Zugleich erkennt man hier die Bedeutung von festen Regeln für die Datenaufbereitung, um Schwierigkeiten bei der Recherche zu vermeiden.

Auch bei größter Sorgfalt wird es sich nicht vermeiden lassen, daß falsch geschriebene Deskriptoren bei der Eingabe der Dokumente und bei der Eingabe für eine Recherche vorkommen. Das gleiche gilt insbesondere für die Schreibweise von Eigennamen. Um trotzdem zu Ergebnissen zu kommen, läßt man eine Unbestimmtheit bei der Schreibweise zu, die sich etwa dadurch ausdrückt, daß man einzelne Buchstaben oder ganze Buchstabenfelder frei gibt und nur gemäß der restlichen Buchstaben den Thesaurus durchsucht. Ein typisches Beispiel ist der Name "Meier", "Mayer", "Maier", "Meyer" usw. Läßt man die mittleren drei Buchstaben weg, so ist man sicher, daß alle "Meiers" gefunden werden. Allerdings erhält man auch Namen wie "Moser", nicht dagegen "Meyr". Bei Dokumentationssystemen, die vor allem mit Eigennamen zu tun haben, führt man deshalb Codes ein, die dem Klang entsprechen, etwa "oh" = "o", "ei" = "ay" usw.

Gelegentlich wird der Thesaurus um weitere Informationen erweitert. Als Beispiel hierfür sei die Speicherung der "Umgebungshäufigkeit" genannt. Dabei werden zusammen mit einem Deskriptor, die Namen derjenigen Deskriptoren gespeichert, die in den Dokumenten am häufigsten zusammen mit diesem Deskriptor enthalten sind. Die Entscheidung, nach welchem Verfahren zu arbeiten ist, hängt ganz entscheidend davon ab, wie häufig ein Deskriptor in dem Gesamtbestand der Dokumente vorkommt. Danach richtet sich auch die anzuwendende Suchstrategie.

C. Ein- und Ausgabe bei Dokumentationssystemen, Dialogverkehr

Im vorigen Abschnitt wurde mehrfach auf die Datenaufbereitung für die Dokumentation hingewiesen. Die Aufbereitung der einzugebenden Dokumente ist fast immer erforderlich, weil entweder die Eingabe in eine bestimmte Form gebracht werden (bei formatierten Daten) und/oder der Zeitschriftenaufsatz oder ein Buch in einem "abstract" zusammengefaßt werden und eventuell die Deskriptoren besonders markiert werden müssen. Diese Art der Tätigkeit ist nicht sehr beliebt, weil sie ja von Fachleuten durchgeführt werden muß und weil sie nicht "schöpferisch" ist. Der einzige Ausweg wäre, jeden Verfasser zu verpflichten, zu seinem Aufsatz oder Buch ein "abstract" zu verfassen. Das ist jedoch keine ideale Lösung, da dadurch keine einheitliche Terminologie gewährleistet ist.

Will man darüber hinaus die Fragestellung selbst noch verfeinern, so kann man Fragen zulassen, die mit "wer" oder "was" beginnen, d. h. nach dem Objekt bzw. dem Subjekt eines Satzes fragen. Da es kaum möglich ist, daß die Rechenanlage selbst Objekt und Subjekt eines Satzes zu bestimmen vermag, müssen diese Satzteile vor der Eingabe entsprechend gekennzeichnet werden. Das bedeutet natürlich einen erheblichen Vorbereitungsaufwand für die Datenerfassung. Es werden sich wohl kaum die Fachkräfte finden lassen, die diese Arbeit erledigen.

Die Aufgabe des "Dokumentierens" vor der Eingabe ist eine der größten Schwierigkeiten für die maschinelle Dokumentation. Auf lange Sicht wird hierbei die optische Lesung der Dokumente der einzige Ausweg sein. Es gibt heute schon Geräte, die sehr viele Mikrofilme speichern können, und wobei die einzelnen Mikrofotografien wie bei einem Magnetkartenspeicher ausgewählt und durch eine Fernsehkamera auf einen Bildschirm abgebildet werden. Die Lücke, die hier offenbar noch besteht, ist ein Multifondleser, der direkt die Zeichen auf dem Mikrofilm lesen kann. Die Festlegung der Deskriptoren muß auch hier durch einen Dokumentar über den Bildschirm erfolgen. Für viele Dokumentationssysteme, insbesondere für jede Art der Literaturdokumentation, wird das die Zukunft der Dokumentation sein: große Mikrofilmspeicher, die an eine Rechenanlage angeschlossen sind, wobei die Auswahl der Dokumente über den Rechner und Bildschirme erfolgt.

Der Dialogverkehr über Bildschirme ist für die Dokumentation ganz wesentlich. Die auf dem Bildschirm angezeigten Daten sollen dem Rechercheur in dem Sinne hilfen, daß er vom Dokumentationssystem "geführt" wird. Das kann in verschiedener Form geschehen. Die einfachste Anzeige wäre etwa die Anzahl der Dokumente, die zu einem eingegebenen Deskriptor existieren. Es ist z. B. sinnlos, bei der Kriminaldokumentation nach einem Verbrecher zu fragen, von dem nur die Augenfarbe bekannt ist. Das System würde dann anzeigen, daß die Fragestellung sinnlos ist, wenn es etwa festgestellt hat, daß mehr als Tausend zutreffende Dokumente gespeichert sind. Bei nicht so großer Häufigkeit des Vorkommens würde es einfach die Anzahl anzeigen. Der Dokumentar kann sich dann entscheiden, ob er alle Dokumente dieser Art ausgedruckt haben will oder ob er die Fragestellung einschränken will, weil die Anzahl zu groß ist.

Kompliziertere Hilfen wären etwa bei Eingabe eines Oberbegriffes die Anzeige aller zu diesem Begriff gehörigen Unterbegriffe oder die oben erwähnte Anzeige der Umgebungshäufigkeit. Entscheidend für die Nützlichkeit eines Dokumentationssystems ist die Führung eines solchen Dialoges, der ausgehend von einer relativ vagen Vorstellung des Rechercheurs das gewünschte Ziel sicher ansteuert. Ein solches Dialogsystem ist der große Vorteil, der nur mit Hilfe einer Rechenanlage erreicht werden kann.

Selbstverständlich muß auch der Rechercheur gut auf seine Aufgabe vorbereitet sein. Er wird die Frage nach den blauen Augen eines Verbrechers erst gar nicht stellen. Die Fragestellung wird also von vornherein eingeschränkt. Die Hilfen dazu sind logische Verknüpfungen der Deskriptoren. Die einschränkenden Verknüpfungen sind "und" und "nicht". Die Verknüpfung "oder" ist nicht einschränkend, insbesondere deshalb, weil das "Oder" im Sinne des "einschließenden Oders" gebraucht wird. Weitere Einschränkungen können durch "kleiner als", "gleich" und "größer als" insbesondere für Zahlengrößen erfolgen. Eine Anfrage könnte dann etwa wie folgt lauten: "blaue Augen" und nicht größer als "170 cm" und "Narbe auf der linken Hand" oder "Narbe auf der rechten Hand" und "Einsteigdieb" und nicht "mit Begleiter arbeitend".

D. Dokumentationssysteme und Datenbanken

Die in Abschnitt C erwähnten Datenmengen des Thesaurus und des Dokumentbestandes kann man als Datenbanken auffassen. Der Begriff der Datenbank, der ursprünglich im Zusammenhang mit den sogenannten Management Informationssystemen aufkam, wird in der Dokumentation häufig in Verbindung mit dem Dokumentbestand verwandt. So spricht man von einer "juristischen Datenbank", einer "Kriminaldatenbank" usw. ebenso wie von "juristischer Dokumentation", "Kriminaldokumentation" usw. Die beiden Begriffe werden fast als Synonym verwandt.

Es besteht offenbar kein prinzipieller Unterschied zwischen einer Datenbank für die Dokumentation und einer Datenbank für ein MIS, wenn man unter einer Datenbank die Menge aller gespeicherten Dateien versteht, die für eine gegebene Anwendung erforderlich sind. Von der Anwendung selbst her gesehen bestehen jedoch wesentliche Unterschiede, die vor allem darin liegen, daß bei einem MIS sehr viel verschiedenartige Dateien gespeichert sein werden, während bei der Dokumentation im allgemeinen nur eine Datei mit zusätzlichen strukturbeschreibenden Dateien vorhanden sind. Darüber hinaus werden die Dateien bei einem MIS nicht nur für Auskünfte benutzt, sondern auch für die Verarbeitung von Daten, ein Fall, der bei einem Dokumentationssystem nicht auftritt. Allerdings ist nicht in jedem Fall eine scharfe Grenze zu ziehen, wie das Beispiel der Debitorenbuchhaltung im nächsten Abschnitt zeigt. Der Unterschied läßt sich am besten wie folgt charakterisieren: jedes MIS enthält kleine Dokumentationssysteme, ein Dokumentationssystem ist jedoch im allgemeinen nur zur Wiedergewinnung von Information aus großen Dokumentbeständen gedacht.

E. Anwendungen

Bei allen folgenden Beispielen handelt es sich um mögliche Anwendungen aus verschiedenen Bereichen der Wirtschaft und des Staates.

Eine einfache Anwendung aus der Wirtschaft wäre der Einsatz der Dokumentation in einer großen Debitorenbuchhaltung. Die Dokumente sind dabei die Kundenstammsätze und vielleicht die Sollstellungen. Jeder, der einmal mit einer Debitorenbuchhaltung zu tun gehabt hat, weiß, daß die Kunden bei der Überweisung ihrer Rechnung gelegentlich vergessen, die Kundennummer anzugeben oder auch eine falsche

Nummer angeben. Es ist oft sehr zeitaufwendig, an Hand von Karteien die fehlende oder die richtige Nummer zu bestimmen. Der Buchhalter, der über eine Datenendstation, z. B. Bildschirm, direkt mit der Rechenanlage verbunden ist, könnte etwa den Namen des Kunden, den Wohnort und sonstige bekannte Daten eingeben. Die Rechenanlage kann dann mit Hilfe der eingegebenen Daten, die zu diesen Daten in Frage kommenden Kunden mit ihrer Kundennummer auf dem Bildschirm anzeigen. Der Buchhalter kann jetzt in der Regel aller Fälle die richtige Kundennummer feststellen und den gezahlten Betrag verbuchen. Die Verbuchung könnte auf dem gleichen Wege erfolgen: die Kundennummer wird eingetastet und die Sollstellungen angezeigt, gleichzeitig können Skonti und dergleichen überprüft werden.

Für die Kreditorenbuchhaltung könnte man sich ähnliche Verfahren vorstellen. Die Lieferantenstammdaten könnten etwa dazu dienen, Fragen wie "wer liefert was?" zu beantworten. Das gleiche gilt für alle Stammdaten eines Unternehmens. In allen Fällen haben wir es mit einer echten Dokumentationsaufgabe zu tun und mit einer Entscheidungshilfe, mag diese auch noch so einfach sein.

Die Entwicklung neuer Produkte für ein Unternehmen erfordert im allgemeinen ein eingehendes Studium der einschlägigen Patente und etwaiger Parallelentwicklungen im eigenen oder in fremden Unternehmungen. Dieser Fall wird in etwa von einem realisierten Dokumentationssystem behandelt: im amerikanischen Verteidigungsministerium werden sämtliche Daten der Verteidigungsforschung gespeichert. Die Abfragen bei diesem Dokumentationssystem haben fast ausschließlich die Aufgabe, Parallelforschungen zu vermeiden und Entwicklungen zu koordinieren. Ein Unternehmen könnte dementsprechend die Patente und Entwicklungen speichern, um mit Hilfe von Abfragen entscheiden zu können, ob eine bestimmte Produktentwicklung beginnen soll oder nicht. Das Beispiel der Arzneimitteldokumentation eines großen Chemiekonzerns zeigt, daß diese Aufgabe schon heute zu lösen ist.

Ein weiteres Beispiel aus der Wirtschaft wäre die Dokumentation eines Bauleistungsverzeichnisses als Grundlage für eine automatisierte Kalkulation von Bauleistungen. Ähnliche Verfahren könnte man auch für standardisierte Produktionen in anderen Bereichen der Wirtschaft einführen.

Während der letzten Jahre wächst die Bedeutung der medizinischen Dokumentation stetig an. Sie wird heute im wesentlichen für die medizinische Statistik und für die Verfolgung von Krankheitsabläufen verwendet. Das Endziel ist jedoch eine Dokumentation als Entscheidungshilfe für die Diagnose, so daß auf Grund der eingegebenen Symptome Diagnosevorschläge auf dem Bildschirm erscheinen.

Dementsprechend wird es zukünftig die Entscheidungshilfe für die
Rechtsprechung mit Hilfe der juristischen Dokumentation geben.
Die juristische Dokumentation könnte darüber hinaus vorbeugende
Rechtshilfe leisten, etwa beim Abschluß von Verträgen.

Die vorausgegangene Aufzählung von Beispielen für die Möglichkeit
der Dokumentation mit Hilfe elektronischer Rechenanlagen konnte
im Rahmen dieses Vortrages nur sehr unvollständig sein. Hier liegt
ein weites Feld vor uns, das gerade an den äußersten Enden beackert
ist. Es liegt eine Fülle von Problemen vor uns, die, angefangen bei
der Technik der Datenerfassung über die Aufbereitungsprobleme der
Dokumentation, die Implementation von Dokumentationssystemen,
linguistischen Problemen bis zur Entwicklung neuer Speichermedien,
alle gelöst sein wollen. An diesen Problemen arbeiten Hersteller,
Software-Häuser und Anwender. Der Weg durch alle diese Probleme
wird mühsam sein, die Ziele sind es wert, erreicht zu werden.

Datenbankkonzept zur Verwaltung
nicht-numerischer (administrativer) Daten

— Erfahrungsbericht —

Von

Dipl.-Ing. K. Haller

Messerschmitt-Bölkow-Blohm GmbH, Ottobrunn

Inhalt

A. Grundsätzliche Überlegungen

I. Unsere Forderungen an ein Datenverwaltungssystem (DVS)

Daten werden auch heute schon verwaltet. Je nach Art des Anwendungsproblems können es sehr umfangreiche und komplexe Datenstrukturen sein, und je nach individueller Fähigkeit des Programmierers werden sehr raffinierte und elegante Techniken für Zugriff und Speicherverwaltung benutzt.

Wir erwarten deshalb von einem DVS nicht die Einführung revolutionärer neuer Techniken, sondern die Erweiterung, Anpassung und Abstraktion bekannter guter Techniken vom Spezialfall zum allgemeinen Prinzip und ihre Zusammenfassung in einem einheitlichen, einfach zu benutzenden System.

Damit durch die einheitliche Benutzung des DVS in der gesamten EDV keine unzumutbaren Einschränkungen gegenüber der individuellen Programmierung entstehen, sondern im Durchschnitt Verbesserungen und Erleichterungen erzielt werden, müssen wir eine Reihe von Forderungen an das DVS stellen.

Die notwendigen Anforderungen für die äußere Organisation der Daten (z. B. Verantwortlichkeit) werden in dieser Arbeit nicht behandelt.

1. Konsequentes Datenbankprinzip

Datenverarbeitung und Datenverwaltung werden konsequent getrennt. Einzige Verbindung ist der Verständigungsbereich, der "Datenbankschalter". In diesem Bereich stellt der Benutzer einen logischen Datensatz zur Verfügung oder holt ihn ab; in diesem Bereich kann er auch durch Parameter gewisse Wünsche bezüglich der Art seiner Bedienung spezifizieren. Das hat folgende Auswirkungen für den Benutzer:

. Keine Dateibeschreibung im Programm
. Keine Datei-Steuerkarten
. Keine Kenntnisse der Zugriffsmethoden nötig
. Keine Kenntnisse der Speicherorganisation nötig
. Keine Kenntnisse der Hardware nötig
. Einteilung und Verwaltung des Speichers,

  Blocken/Entblocken, Verwalten von Platten-
  adressen und Adresstabellen entfällt
. Pflege und Verwaltungsarbeiten entfallen
  (Datensicherung, Reorganisation)
. Einheitlicher Aufruf in allen Programmiersprachen
. Unabhängigkeit der Programme von Änderungen
  der Hardware, der Systemsoftware und der Daten-
  bank-Techniken
. Selbsterklärende Dateien durch die Möglichkeit,
  auf einfache Weise Dateikatalog und genaue Dateibeschreibung ausgedruckt zu erhalten.

2. Erweiterte Möglichkeiten

Nur wenige Programme kommen mit den Standard-Zugriffsmethoden
aus. Folgende häufig benutzten oder dringend benötigten Möglichkeiten müssen im DVS enthalten sein:

. Verarbeitung nach allen definierten, einem
  Datensatz innewohnenden Ordnungskriterien
  (Nebenordnungsbegriffe)
. Verarbeitung aufgrund von Bedingungen für
  beliebige definierte Felder des Datensatzes
. Verwendung von Mehrfach- und Folgesätzen
  für einen Ordnungsbegriff
. Bezugnahme auf Felder durch Angabe ihres Namens
. Verkettung physischer Dateien zu logischen Dateien
  durch Definition von logischen Datenstrukturen.

3. Flexibilität und Freizügigkeit

Das Zusammenspiel der Dateien in einer künftigen integrierten Datenverarbeitung bzw. in einem Informations- und Kontrollsystem
ist heute auch nicht annähernd vorauszusagen. Sicher ist, daß es
sehr verschiedenartig und vielfältig und einem steten Wandel unter-
worfen sein wird. Sicher ist aber auch, daß wir bereits in naher Zukunft die Daten sammeln und einheitlich speichern müssen. Um nicht
durch Vorentscheidungen und hierarchische Zwänge festgelegt und
eingeschränkt zu sein, müssen wir vom DVS fordern, daß:

. jede Datei in direktem Zugriff ist und einzeln
  verarbeitet werden kann
. jede Datei Mitglied beliebig vieler und verschiedenartiger Datenstrukturen sein kann

. logische Datenstrukturen jederzeit neu definiert
  oder aufgelassen werden können, ohne daß andere
  Strukturen oder gar die physischen Dateien betroffen werden.

4. Konkurrenzfähigkeit im „Batch"-Betrieb

Mit dem DVS sollen nicht nur Auskunftsdateien verwaltet werden,
sondern grundsätzlich alle Dateien, die für mehr als einen Fachbereich interessant sind. Diese Dateien der "operierenden Ebene"
werden überwiegend im "Batch" verarbeitet. Damit nicht das DVS
aus Kostengründen unattraktiv wird und seine allgemeine Verwendung
scheitert, muß gefordert werden, daß es unter gleichen Bedingungen
nicht wesentlich schlechter abschneidet als individuell programmierte Routinen. Das bedeutet:

. kein wesentlich höherer Hauptspeicherbedarf
  (HSP-Bedarf)
. kein wesentlich höherer Bedarf an externen Speichern
. keine wesentlich längeren Laufzeiten

Dabei ist zu berücksichtigen, daß die Rechenkosten das Produkt aus
Laufzeit und benutztem Speicher sind, und daß bei immer schneller
werdenden Zentraleinheiten die Laufzeit infolge Ein-/Ausgabever-
zögerung immer größere Bedeutung erlangt.

5. Dialogfähigkeit

Die Erweiterung zu einem Auskunftssystem, bei dem der Benutzer
sich im Dialogverkehr mit dem Computer die verschiedenartigsten
Informationen am Bildschirm anzeigen oder am Schreibmaschinen-
terminal ausdrucken läßt, stellt Anforderungen ganz anderer Art an
das DVS. Für ein solches Dialogsystem, das als "non-ending-job"
den ganzen Tag im Hauptspeicher residiert, spielt die Verarbei-
tungszeit keine Rolle, so lange der Benutzer nicht zu lange auf seine
Auskunft warten muß. Dafür fällt der Bedarf an HSP und externem
Speicherplatz, der ja dauernd belegt wird, stark ins Gewicht.
Unsere Forderungen:

. hohe Auskunftsbereitschaft, d.h. viele Daten nach
  vielen Ordnungsbegriffen in ständigem Zugriff
. geringer HSP-Bedarf
. erträglicher Externspeicher-Bedarf
. erträgliche Antwortzeiten
. gleichzeitige Bedienung mehrerer Benutzer.

II. Bedingungen, unter denen das DVS arbeiten muß

Das DVS muß in der Lage sein, unter bestimmten Minimalbedingungen bezüglich Maschinenkonfiguration und Betriebssystem zu arbeiten und entsprechende Maximalbedingungen zur Steigerung der Leistungsfähigkeit auszunutzen.

1. Mittelfristig: Situation 1971/72

Minimalkonfiguration:

. Rechner: IBM /360-40   192 KB
. Plattenspeicher: 1 x 2314   250 MB

Maximalkonfiguration:

. Rechner: IBM /370-165   1500 KB
. Plattenspeicher: 2 x 3330   800 MB

2. Langfristig: Entwicklungstendenzen

Besseres Preis/Leistungsverhältnis und neue Techniken führen zu:

. schnelleren Zentraleinheiten
. größeren Hauptspeichern
. wesentlich größeren Random-Speichern
. etwas kürzeren Zugriffszeiten bei Random-Speichern
. zuverlässigerer und leistungsfähigerer Datenfernübertragung
. überwiegendem Terminal-Betrieb

III. Voraussetzungen für den Einsatz eines DVS fremder Herkunft

. Weitgehende Erfüllungen der unter I und II angeführten Forderungen und Bedingungen
. Durchdachtes, geschlossenes, zukunftssicheres Konzept

. Praktische Erprobung und Bewährung
. Ausreichende Unterstützung bei der Einführung
. Gewähr für gute Betreuung
. Garantie für zukünftige Pflege des Systems

Diese Voraussetzungen werden nach den Informationen, die wir erhalten konnten, von keinen zur Zeit vom Hersteller oder Softwareinstituten beziehbaren Systemen erfüllt. Wir haben uns deshalb entschlossen, ein eigenes Konzept zu entwickeln.

B. Das DIS-Konzept

(DIS = Datenverwaltungs- und Informationssystem)

Das DIS-Konzept wird in seinen Funktionen und Möglichkeiten durch das in A, I. und A, II. Gesagte definiert. Es ist der Versuch, die gestellten Forderungen unter den gegebenen Bedingungen möglichst gut zu erfüllen und durch Anpassungsmöglichkeiten auf veränderte Bedingungen eingehen zu können. Es ist <u>allgemeingültig innerhalb seines Definitionsbereiches</u>; jeder EDV-Benutzer, dessen Forderungen und Bedingungen innerhalb dieses Bereiches liegen, könnte es völlig unverändert verwenden. Es ist jedoch nicht allgemeingültig für die EDV an sich.

I. Leitgedanken

Einige Prinzipien haben das DIS-Konzept besonders geprägt:

1. Leistungsfähigkeit

Der durch die Allgemeingültigkeit bedingte Leistungsverlust ist durch Verwendung optimaler Techniken und überlegte Programmierung weitgehend auszugleichen. Dies gilt sowohl für HSP-Bedarf wie für Laufzeit und Random-Speicherbedarf. Der Mehraufwand für Entwurf und Programmierung ist angesichts der häufigen Benutzung der Routinen vertretbar.

2. Quantitative vor qualitativen Einschränkungen

Die Realisierung unter den gegebenen Bedingungen macht Abstriche vom theoretischen Idealkonzept nötig. Solange quantitative Abstriche (z. B. Zahl der zulässigen Ordnungsbegriffe, Puffergröße, maximale

Dateizahl, Größe des Ordnungsbegriffs) ausreichen, sollen qualitative Einschränkungen, d. h. der prinzipielle Verzicht auf bestimmte Techniken, unterbleiben. Bei Änderung der Bedingungen ist es wesentlich einfacher, quantitative Erweiterungen unter Beibehaltung des logischen Prinzips vorzunehmen, als neue Techniken einzubauen.

3. Auslegung des Systems gemäß der mittelfristigen Planung

Das System soll zu dem Zeitpunkt optimal arbeiten, wenn es in voller Breite eingesetzt ist, d. h. in etwa 3 Jahren. Die heutige Hardware-Situation ist irrelevant. Die EDV muß in das DVS hineinwachsen, nicht herauswachsen.

4. Konsequentes Baukastenprinzip

Die vom DVS auszuführenden Tätigkeiten werden in ihre logischen Grundelemente aufgegliedert. Gleichartige oder verwandte Teiltätigkeiten werden in einem Programmbaustein (Modul) zusammengefaßt. Wie ein modernes Elektronik-Gerät aus einem Rahmen und einer Vielzahl von Einschüben besteht, so besteht DIS aus einem Rahmenprogramm und vielen Arbeitsmoduln für verschiedene Tätigkeiten.

Vorteile:
. Geringer Programmieraufwand
. Gute Aufteilungsmöglichkeit für Team-Work
. Leichter Änderungsdienst
. Leichte Fehlersuche
. Möglichkeit, alte Moduln gegen verbesserte
  Versionen auszutauschen
. Möglichkeit, neue Moduln hinzuzufügen

5. Forderung nach einem handlichen und schnellen System

Das DIS-Konzept strebt an, etwa 70 % aller Datenverwaltungsarbeiten besser oder gleichgut als bisher durchzuführen. Raffinessen, die nur in geringem Umfang bei Spezialanwendungen genutzt werden können, sollen weggelassen werden zugunsten eines einfachen, handlichen und schnellen Systems.

II. Verwaltung physischer Daten

Der 1. Abschnitt von DIS ist dadurch gekennzeichnet, daß der Benutzer durch einen "READ/WRITE"-Aufruf einen ganzen Satz einer physischen Datei anspricht. Hat er eine Datenstruktur aus mehreren Dateien zu verarbeiten, so muß er für jede Datei einen Verständigungsbereich definieren und "READ/WRITE"-Aufrufe programmieren. Er muß den Zusammenhang der Dateien selbst verwalten. Benötigt er nur Teile des jeweiligen Satzes, so muß er sie selbst heraussuchen. DIS bietet auf dieser Stufe folgende Möglichkeiten:

. Datenbankprinzip
. Nebenordnungsbegriffe
. Bedingte Verarbeitung
. Mehrfach- und Folgesätze
. Automatische Systempflege

III. Verwaltung logischer Daten

In der 2. Ausbaustufe wird DIS in der Lage sein, physische Dateien aufgrund definierter logischer Strukturen zu logischen Dateien zu verknüpfen.

Charakteristisch für die Verarbeitung logischer Dateien ist, daß Datenstrukturen vom Benutzer so angesprochen werden, als ob es eine Datei wäre. Mit einem "READ/WRITE"-Aufruf verarbeitet er in einem Verständigungsbereich einen logischen Satz, der in Wirklichkeit aus mehreren physischen Sätzen (oder Teilen davon) in verschiedenen Dateien zusammengesetzt ist. Dadurch soll u. s. erreicht werden, daß trotz stärkerer und andersartiger Untergliederung der Dateien in der Datenbank nur minimale Änderungen an bestehenden Programmen nötig werden.

1. Selektion von Datenfeldern

Durch Angabe des definierten Feldnamens, qualifiziert durch den Dateinamen, können beliebige Felder aus einem physischen Satz herausgegriffen werden.

2. Verknüpfung von Paralleldateien

Aus mehreren physischen Dateien, die nach dem gleichen Hauptordnungsbegriff organisiert sind, werden zusammengehörige Sätze (oder Teile davon) als ein logischer Satz verarbeitet.

3. Kettdateien

An eine physische Datei wird eine zweite, die nach beliebigem Ordnungsbegriff organisiert ist, so angekettet, daß zu jedem Satz der

Erstdatei eine Reihe von zugehörigen Sätzen der Zweitdatei gefunden
werden. Dabei kann die Zahl der Kettsätze für jeden Satz der Erstdatei unterschiedlich sein.

Beispiel für die Kombination aller drei Funktionen:

Im Fachbereich Materialwirtschaft gibt es eine Stücklistendatei und
eine Artikeldatei, die beide nach Artikel-Nr. organisiert sind sowie
eine Lieferantendatei, die nach Lieferanten-Nr. organisiert ist. Für
jede Artikel-Nr. gibt es einen Stücklisten- und einen Artikelsatz
sowie keinen, einen oder mehrere Lieferanten. Aus dem Stücklisten-
satz wird nur die Menge benötigt, der Artikelsatz soll ganz gelesen
werden und die Lieferanten, falls vorhanden, sollen nacheinander
gelesen werden. Nach dem letzten Lieferanten soll in Stücklisten-
und Artikeldatei die nächste Artikel-Nr. verarbeitet werden usw.

C. Probeanwendung: Personalwesen

Etwa im Frühjahr 1971 wird probehalber ein Teil des Personalwesens
auf DIS-Datenverwaltung umgestellt werden (Parallellauf). Dabei soll
der heute über 3000 Bytes lange, unter Geheimhaltung stehende Per-
sonalstammsatz aufgegliedert werden in etwa 6 in sich logisch ge-
schlossene Dateien von je 400 - 800 Bytes Satzlänge, die nur noch
teilweise der Geheimhaltung unterliegen. Die bestehenden PL/1-
Programme sollen mit ganz kleinen Änderungen übernommen werden.

D. Ausblick auf den weiteren Ausbau

I. Daten-Erfassungs-System für Dialog-Betrieb

Im Hinblick auf die wachsenden Datenmengen einerseits und den ver-
mehrten Einsatz von Dialog-Terminals erscheint ein Erfassungs-
System zum Prüfen und Einspeichern von Daten in die Datenbank als
zwingender weiterer Schritt, der möglichst schon parallel zur zweiten Stufe von DIS in Angriff genommen werden sollte.

II. Kontroll- und Datenverdichtungssystem

Als Teil des MIS soll es Meldungen ausgeben, wenn bestimmte Felder von Dateien vorgegebene Sollwerte überschreiten.

Außerdem soll es aufgrund vorgegebener Parameter Daten verdichten, z. B. durch Zusammenfassen oder selektives Excerpieren, und die verdichteten Daten in MIS-Dateien einspeichern.

III. Auskunftssystem

Ein Auskunftssystem, das mit dem DVS zusammenarbeitet und eine große Anzahl von Benutzern bedient, soll im Dialogbetrieb über Terminals auf Anfrage Informationen aus der Datenbank zur Verfügung stellen. Ob dafür ein eigenes System konzipiert oder ein bis dahin vorhandenes angepaßt wird, kann erst zu einem späteren Zeitpunkt entschieden werden.

Auswertungen der Erfahrungen
aus diversen Umstellungen von Teilbereichen eines computer-gestützten Informationssystems mit IDS/IDK

— Erfahrungsbericht —

Von

H. Braun und Dipl.-Kfm. K. Schauff
BULL General Electric GmbH, Köln

Inhalt

Einleitung

Die ständig wachsende Flut von qualitativen und quantitativen Aufgaben stellt die Kommunalverwaltungen vor organisatorische und personelle Probleme, die nur durch neue Arbeitsmethoden verbunden mit neuen Arbeitsmitteln, bewältigt werden können.

Der Umfang und die Wichtigkeit der öffentlichen Aufgaben erfordert in immer stärkerem Maße eine funktionelle Verzahnung der einzelnen Arbeitsgebiete mit dem Ziel, eine Einheit im Sinne der Daten- und Informationsintegration zu schaffen. Eine schnelle, umfassende und zuverlässige Information ist die Basis für ein planvolles Handeln der Entscheidungsträger in der Verwaltung.

Die skizzierten Erfordernisse und Ziele können mit dem Hilfsmittel elektronische Datenverarbeitung (EDV) durch eine horizontale und vertikale Integration der Verwaltungsaufgaben unter folgenden Voraussetzungen erreicht werden:

. umfassende Datenspeicherung in Form einer zentralen Datenbank (Einwohnerdatenbank)

. direkte Datenverarbeitung unter Berücksichtigung aller Querverbindungen in der Verwaltung

. Prinzip der direkten Fortführung.

A. Das kommunale Informationssystem

I. Kommunale Datenbank

Mit den bisher in Kommunalverwaltungen eingesetzten elektronischen Datenverarbeitungsanlagen konnten gute Erfolge erzielt werden. Die Umstellung der von der Kommunalen Gemeinschaftsstelle für Verwaltungsvereinfachung näher definierten automationsgerechten Funktionsgruppen auf elektronische Datenverarbeitung brachte ausgezeichnete Rationalisierungseffekte. Die Abwicklung der Aufgabengebiete erfolgte jedoch meist unabhängig voneinander und ermöglichte keine horizontale Integration.

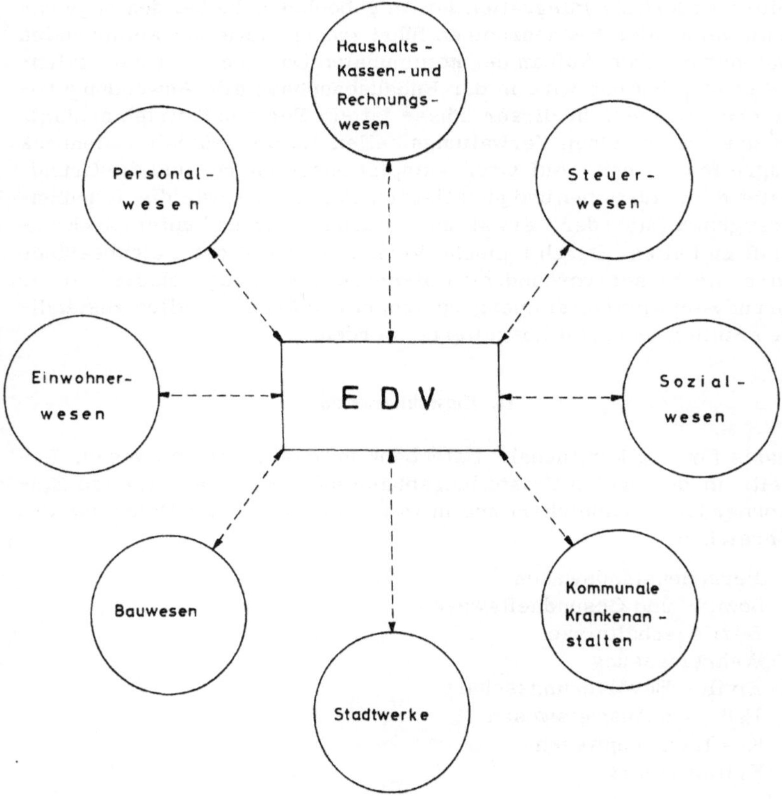

Abb. 1:   Bisherige Stapelverarbeitung der
automationsgerechten Funktionsgruppen

Die Konzeption eines Informationssystems soll jedoch alle Bereiche des öffentlichen Lebens umfassen und zu einer weitgehenden Automatisierung der Verwaltungstätigkeit führen. Dieses Ziel kann nur durch die horizontale Integration zwischen Kommunalverwaltungen und die vertikale Integration zwischen Kommunalverwaltungen, Ländern und Bund mit Hilfe eines umfassenden Computer-Verbundnetzes erreicht werden. Der erste Schritt hierzu ist die von der Kommunalen Gemeinschaftsstelle für Verwaltungsvereinfachung empfohlene EDV-mäßige Zusammenfassung von Kommunalverwaltungen zu regionalen Rechenzentren in Größenordnungen 300 000 bis 500 000 Einwohner.

Die erforderliche Integration der Aufgabenbereiche bei den regionalen kommunalen Rechenzentren führt zwangsläufig zur kommunalen Datenbank. Der Aufbau der kommunalen Datenbank ist nur stufenweise möglich und wird in der Endausbauphase alle Anwendungsbereiche erfassen. In dieser Phase ist ein Terminalbetrieb geplant, in der die einzelnen Verwaltungsstellen auf die zentrale Datenbank zugreifen können. Auf Großraumplattenspeichern sind die Grunddaten der natürlichen und juristischen Personen sowie die aufgabenbezogenen Daten der Verwaltung abzuspeichern und unter Direktzugriff zu halten. Durch logische Verkettung (IDS) der Datenbestände wird die bisher vorhandene Datenredundanz ausgeschaltet. Jeder Grundwert wird nur einmal gespeichert und kann von allen zuständigen Stellen jederzeit ausgewertet werden.

II. Einwohnerwesen

Basis für die kommunale Datenbank ist das Einwohnerwesen. Bereits in der ersten Umstellungsphase müssen die wichtigsten Einwohnerdaten gespeichert und in weiteren Phasen mit Daten aus den Bereichen

. Personenstandswesen
. Sozial- und Gesundheitswesen
. Besitzverhältnisse
. Wehrerfassung
. Ziviler Bevölkerungsschutz
. Paß- und Ausweiswesen
. Kraftfahrzeugwesen
. Kriminalistik

ergänzt werden.

Für die Erfassung und Speicherung der aktuellen Einwohnerdaten sind umfangreiche Vorarbeiten notwendig. Die vorhandenen Datenbestände müssen ergänzt, verschlüsselt und fehlerfrei auf Datenträger wie Lochkarten, Lochstreifen gebracht werden. Je nach gegebener Ausgangssituation in den verschiedenen Verwaltungen bieten sich für die Aufbereitung der Einwohnerdaten die manuell geführte Einwohnerkartei des Meldeamtes an, die Platten der mechanisch arbeitenden Adrema, eine evtl. bereits aufgebaute Einwohnerlochkartei und sonstige mit aktuellen Einwohnerdaten geführte Karteien. Die primären Einwohnerstammdaten wie der Familienname, der Vorname, das Geburtsdatum, die Adresse und weitere spezifische Personendaten, z. B. für die Erstellung der Lohnsteuerkarten, die Wählerlisten und Wahlbenachrichtigungen, werden zunächst auf Lochkarten erfaßt. Mit Hilfe entsprechender Aufbereitungsprogramme werden die einzelnen Einwohnerstammsätze dann auf Großraumplattenspeicher zu einer einzigen Datei zusammengeführt. Auf die einzelnen Datensätze dieser Einwohnerstammdatei kann jederzeit leicht direkt wieder zugegriffen werden, wenn die entsprechenden Suchbegriffe (Personenkennzeichen, Name, Adresse) bekannt sind. Ebenso kann für Massenauswertungen diese Datei schnell und sicher sequentiell ausgewertet werden.

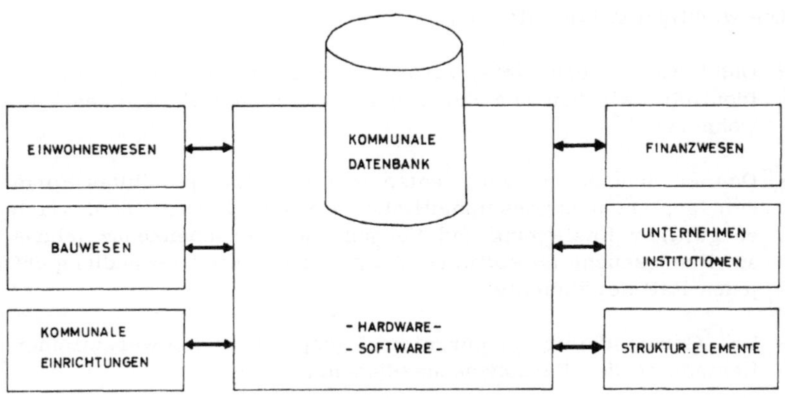

Abb. 2:   Kommunale Datenbank

III. Personenkennzeichen

Die Daten der Einwohnerstammdatei sind untrennbar mit einem je Einwohner nur einmal vergebenen Personenkennzeichen verkettet. Dieses Personenkennzeichen (PKZ) ist der eindeutige Suchbegriff, der zu dem jeweils gewünschten Einwohnerstammsatz auf der Magnetplatte führt. Gebildet wird das Personenkennzeichen aus dem Geburtsdatum, einer Kennzeichnung des Geschlechts mit der Jahrhundertangabe des Geburtsdatums, einer Serien-Nr. zur Unterscheidung von am gleichen Tag geborenen Personen gleichen Geschlechts sowie einer Prüfziffer.

Abb. 3:   Personenkennzeichen

Die Prüfziffer sichert die Einwohnerdatenbank gegen Schreib-, Erfassungs- und Übertragungsfehler ab.

Das Personenkennzeichen bietet in seinem Aufbau alle Vorteile, die von einem Suchbegriff als Kernstück eines integrierten Informationssystems gefordert werden.

Die wichtigsten Vorteile sind:

- Das Personenkennzeichen wird nur einmal vergeben und garantiert Identität zwischen den Einwohnerdaten und der Person des Einwohners.

- Das Personenkennzeichen entspricht in seiner gewählten Form dem geplanten bundeseinheitlichen Personenkennzeichen. Nach endgültiger Festlegung und Vergabe des Personenkennzeichens auf Bundesebene ist softwaremäßig eine direkte Umwandlung auf jeden Fall gewährleistet.

- Das Geburtsdatum ist nur einmal gespeichert und wesentlicher Bestandteil des Personenkennzeichens.

- Ist das Geburtsdatum nicht oder nur teilweise bekannt, wie es häufig bei Ausländern der Fall ist, so wird es durch fiktive Angaben ersetzt. Dieses fiktive Geburtsdatum erlaubt die Vergabe eines Personenkennzeichens, das in seiner Beziehung zur Person und den Daten des Betreffenden eindeutig ist.

- Das Personenkennzeichen ist nicht nur Suchbegriff sondern gleichzeitig auch Datenträger, da es bereits das Geburtsdatum des Einwohners enthält. Dies ist bedeutsam für verschiedene Auswertungen, die an das Lebensalter der Einwohner anknüpfen. Dazu zählen z. B. Schulanfängerlisten, Wehrerfassungslisten, Impflisten u. a. m.

IV. Beschreibung des Einwohnerstammsatzes

In den Einwohnerstammsatz sind alle primären Einwohnerdaten aufgenommen, die für selektive Massen- und Einzelauswertungen benötigt werden. Die Zusammenfassung der Einwohnerstammsätze zu einer einzigen Einwohnerstammdatei bringt erhebliche organisatorische Vorteile und führt zu einer starken Reduzierung der Verarbeitungszeiten. Eine Trennung der Einwohnerstammdatei in reine Anschriftsdaten und spezielle Daten z. B. über die Lohnsteuerpflicht, wurde nach eingehender Prüfung als unzweckmäßig erkannt. Die Daten des Einwohnerstammsatzes zu trennen, hieße den einmaligen Zugriff hierauf um einen zusätzlichen erhöhen und das angestrebte Ziel nicht optimal realisieren. Die reinen Anschriftsdaten und die speziellen Daten jedes Einwohners bilden aufgrund unserer Datenstrukturierungstechnik IDS eine organisatorische Einheit. Durch Programm kann ohne zusätzlichen Zeitaufwand bestimmt werden, ob die Daten eines Stammsatzes random (=direkt) oder sequentiell bearbeitet werden sollen.

Erweitert wird der Aufbau des Einwohnerstammsatzes um Kettenadressen, damit bei zunehmendem Ausbau des Informationssystems alle übrigen Funktionsbereiche mit der Einwohnerstammdatei verkettet werden können. So wird die Korrespondenz zwischen den Daten der Einwohnerstammdatei und den übrigen Funktionsbereichen gewährleistet. Der Einwohnerstammsatz enthält folgende Felder:

Feld 01: Personenkennzeichen
Feld 02: Familienname
Feld 03: Vorname
Feld 04: Akademische Titel
Feld 05: Straßen-Nummer
Feld 06: Haus-Nummer

usw. für alle zusätzlichen Daten, die einen Einwohner individuell charakterisieren.

Feld-Nr.	Bezeichnung	alpha-numerische Zeichen	verschlüsselt (Worte)
01	Personenkennzeichen	12	1
02	Familienname	50	7
03	Vorname(n)	36	5
04	Akademische Titel	7	1
05	Straßen-Nummer	4	
06	Haus-Nummer	4	
07	Berufsschlüssel	4	
08	Nationalitätenschlüssel	3	
09	Zuzugsdatum	6	
10	Todes-/Wegzugsdatum	6	
11	Kennzeichen für Feld.-Nr. 10	1	4
12	Eheschließungs-/Sterbejahr	2	
13	Kennzeichen für Feld-Nr. 12	1	
14	Wahlrechtsschlüssel	1	
15	Lohnsteuerklassen I–V	1	
16	Lohnsteuerklasse VI	1	
17	Familienstand	1	
18	Stellung in der Familie	1	
19	Nebenwohnung	1	
20	Religion	1	1
21	Familien-Nummer	5	
22	Kettenadressen je Kette 4 Zeichen	12	2
		160	21

V. Übernahme des Einwohnermeldewesens

Der stufenweise Ausbau der Einwohnerstammdatei mit dem Ziel der vollständigen Ablösung der konventionellen Einwohnermeldekartei muß durch ein systematisches Erfassen der Einwohnermeldedaten erfolgen. Ganz unabhängig von der Frage, welche Daten aus diesem Bereich random (Magnetplatte) und welche sequentiell (Magnetband) gespeichert werden, könnten u. a. beispielsweise nachstehend beschriebene Datenkomplexe in der 2. Umstellungsphase übernommen werden.

Nebenwohnungs-Satz			
Feld-Nr.	Bezeichnung	alpha-numerische Zeichen	ver-schlüsselt (Worte)
01	Datum des Einzugs	6	
02	Datum der Wohnungsaufgabe	6	
03	Haus-Nummer	4	3
04	Ortsschlüssel	4	
05	Ortsbezeichnung	36	5
06	Straßenname	36	5
07	Kettenadresse	4	1
		96	14

Entsprechende Sätze können auch angelegt werden für:

. Zuzug
. Wegzug
. Reisepaß
. Eheschließung
. Ehescheidung

B. IDS-Datenmanagement für Aufbau und Betrieb
einer integrierten Datenbank

Wodurch sind die meisten heute im Betrieb befindlichen Informationssysteme - in allen Wirtschaftszweigen und Verwaltungen - gekennzeichnet? Durch eine Vielzahl funktioneller Einzeldateien mit einer Menge redundanter Daten, ohne die den strukturellen Beziehungen der Daten untereinander entsprechenden Querverbindungen. Befinden sich diese Dateien auf einem Magnetplatten- oder Trommelspeicher, so kommt gegenüber einer sequentiellen Magnetbandspeicherung der technisch bedingte Vorteil des Direktzugriffs hinzu: Eine echte Datenintegration wird dadurch jedoch nicht erreicht, sondern es bleibt eine Dateisammlung.

Man ist sich heute überall darüber einig, daß das entscheidende Kriterium für ein wirkungsvolles und umfassendes integriertes Informationssystem die Datenintegration, d. h. die Überführung der Dateiensammlung in eine Datenbank ist. Die Qualität der Datenbank wiederum wird bestimmt durch die benutzte Datenmanagement - Technik, wobei vier Kriterien von besonderer Bedeutung sind:

. die universelle, nur problem- und nicht systemabhängige
  Strukturierung der Daten
. die optimale Organisation des Massenspeichers
  (Behandlung des Speicherplatzlücken- und Überlaufproblems)
. der schnelle und unkomplizierte Datenaustausch zwischen
  Massenspeicher und internem Speicher
. die einfache und dokumentationsgünstige Programmierung in
  einer höheren Programmiersprache (z. B. COBOL).

IDS (Integrierte Daten-Speicherung) wurde bereits zu Beginn der 60er Jahre von General Electric als Datenmanagement-Technik entwickelt und ist seitdem bei einer Vielzahl von Benutzern zur Lösung ihrer Datenbankprobleme eingesetzt. Aufgrund der Erfahrungen, die bis heute beim Einsatz von IDS auf allen denkbaren Sachgebieten gemacht wurden und den darauf aufbauenden Verbesserungen stellt IDS die gegenwärtig ausgereifteste, umfassendste und erprobteste Datenmanagement-Technik dar. IDS ist die Integration der obengenannten vier Datenmanagement-Kriterien zu einem geschlossenen System, wobei der Schwerpunkt in der Anwendungsorientiertheit liegt.

I. Datenstrukturierung

IDS setzt an die Stelle einzelner funktionell organisierter Dateien eine einzige, datenbezogen organisierte Datei, die in der Endausbaustufe sämtliche Informationen der Kommunalverwaltung beinhaltet. Diese integrierte Datei besteht aus beliebig vielen Satztypen, die entsprechend den logischen Zusammenhängen, die zwischen den Daten bestehen, miteinander verkettet sind und so das integrierte Abbild der komplexen Daten- und Informationsstrukturen einer Verwaltung repräsentieren. Durch die nicht-funktionsbezogene Speicherung der Daten ist eine Auswertung nach jedem wünschenswerten Kriterium bzw. einer Kombination von Auswertungskriterien möglich. Kennzeichnendes Strukturierungsmerkmal von IDS ist das Verketten logisch zusammengehörender Datensätze miteinander. Entsprechend der hierarchischen Struktur von Daten enthält eine Kette immer einen Master-Satz und beliebig viele Detail-Sätze. Der Master-Satz dient als Eingang in die Kette und enthält die konstanten

Informationen, die gleichzeitig auch für alle seine Detail-Sätze gelten. Durch dieses Prinzip wird die Datenredundanz eliminiert: Würden z. B. in einer Straße 2000 Einwohner wohnen, so würde der
Straßenname nicht in jedem Einwohnerstammsatz gespeichert, sondern nur noch ein einziges Mal. Die Einwohnerstammsätze der
Straßenbewohner würden - z. B. in aufsteigender Hausnummern-
folge - mit dem Straßennamen verkettet. In diesem Beispiel ist der
Straßennamensatz Master der Straßenbewohnerkette und die Einwohnerstammsätze der einzelnen Straßenbewohner sind die Details in
dieser Kette.

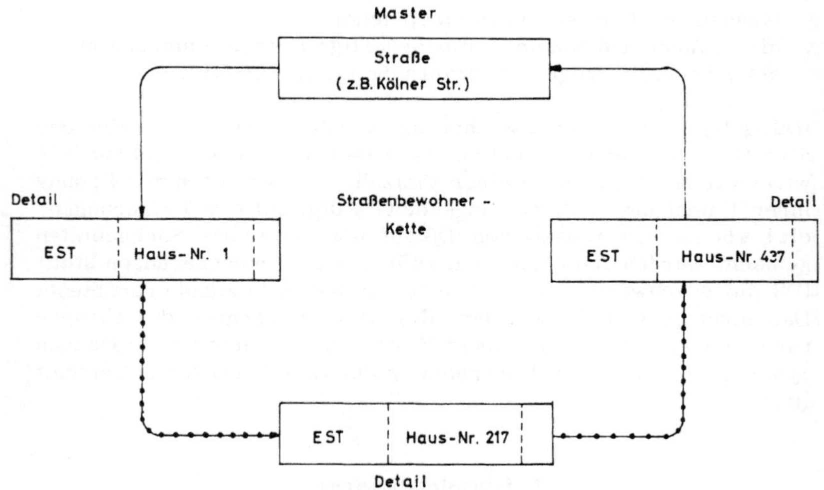

Abb. 4: Eine IDS-Kette besteht aus einem Master-Satz
und o - n Detail-Sätzen und ist immer geschlossen. Allen Kettengliedern gemeinsame Informationen werden nur einmal im Mastersatz gespeichert und gehören automatisch auch zu
allen Detail-Sätzen.

Hinsichtlich der Komplexität derartiger Kettenstrukturen gibt es
bei IDS weder in horizontaler noch in vertikaler Richtung irgendwelche Beschränkungen:

. Ein Satz kann Master beliebig vieler Ketten sein.
. Ein Satz kann Detail in beliebig vielen Ketten sein.
. Ein Satz kann gleichzeitig Master einer Kette und

Detail in einer anderen Kette sein.

. Ein Master-Satz kann mit seinen Detail-Sätzen über
mehr als eine Kette verbunden sein.

. Eine Kette kann Sätze unterschiedlichen Satztyps
enthalten u. a.

Alle diese verschiedenen Strukturtypen können - wie es das jeweilige
Problem erfordert - miteinander kombiniert werden. Für die Strukturierung der Daten sind allein die Daten selbst und ihre untereinander bestehenden logischen Beziehungen maßgebend, es bestehen
keinerlei Einschränkungen, wie etwa durch vom System vorgegebene
bestimmte Strukturformen.

II. Massenspeicherorganisation

Bei einer traditionellen Massenspeicherorganisation treten zwei
Hauptprobleme auf: Sogenannte Überläufe, falls der für einen neu
einzuspeichernden Satz vorherbestimmte Platz bereits von einem
anderen Satz belegt ist und der Satz daraufhin in einem besonderen
Überlaufbereich gespeichert werden muß, und die Speicherplatz-
lücken, die nach dem Löschen eines Satzes entstehen und erst bei
der nächsten vollständigen Reorganisation des Massenspeichers beseitigt werden können. Die Formierung des Massenspeichers geschieht bei IDS in größeren Einheiten (sogenannten Pages, den
Blöcken beim Magnetband vergleichbar). In Abhängigkeit vom jeweiligen Problem - Satzlängen und Anzahl der Sätze je Typ können
von Datenbank zu Datenbank unterschiedlich sein - können Page-
größen zwischen 384 Zeichen und 3840 Zeichen gewählt werden.

Abb. 5:   Die phys. Formierungseinheit der IDS-Datei
ist die Page. Eine IDS-Datei besteht aus einer
beliebigen Anzahl Pages; die kleinste Page-
größe ist 384 Zeichen, die größte 3840 Zeichen.

Das Überlaufproblem wird von vornherein stark reduziert, da in eine Page maximal 63 Datensätze gespeichert werden können. Tritt es dennoch einmal auf, so wird der Überlaufsatz automatisch in die nächstfolgende Page gespeichert, d. h. an den nächsten frei verfügbaren Speicherplatz und nicht in einen gesonderten Bereich (Überlaufbereich). Nach jedem Löschen eines Satzes erfolgt eine automatische Page-Reorganisation, d. h. die auf den gelöschten Satz folgenden Sätze werden nach oben geschoben, so daß der frei verfügbare Page-Raum immer in kompakter Form am Ende der Page zur Verfügung steht.

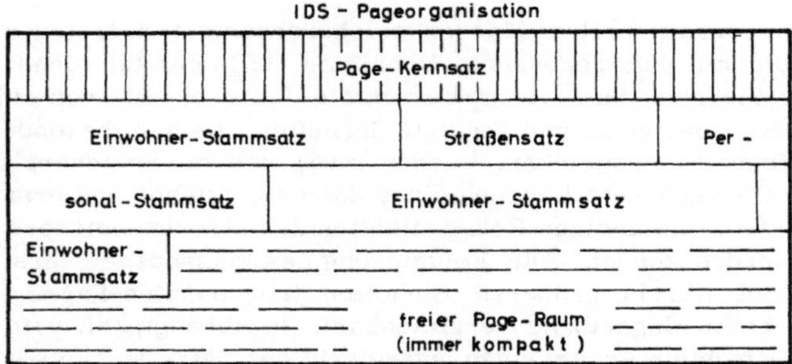

Abb. 6:   Jede Page besteht aus einem Page-Kennsatz (Page-Nr., freier Speicherraum, u. a.) und einem Bereich für Datensätze. Maximal können 63 Datensätze unterschiedlichen Typs (und damit unterschiedlicher Länge) in einer Page gespeichert werden. IDS speichert automatisch die Detail-Sätze in dieselbe Page, in der der Master-Satz steht.

III. Datenaustausch

Wird ein Satz zur Verarbeitung vom Massenspeicher angefordert,
so wird stets die gesamte Page, in der sich der Satz befindet, übertragen. Da IDS automatisch dafür sorgt, daß ein Master-Satz und
seine Detail-Sätze in dieselbe Page gespeichert werden, stehen mit
einem physikalischen Zugriff auf den Master-Satz in der Regel seine
Detail-Sätze ebenfalls zur Verfügung. Für die anschließende Verarbeitung der Detail-Sätze ist also kein weiterer physikalischer Zugriff erforderlich. Durch dieses Prinzip werden die Zugriffszeiten,
die insgesamt für die Bearbeitung eines Aufgabenbereichs erforderlich sind, stark reduziert.

IDS verfügt über alle vier Speicherungs- und Zugriffsmethoden für
Massenspeicher, die in derselben IDS-Datei kombiniert verwendet
werden können:

. starr-sequentiell (wie beim Magnetband)
. index-sequentiell (Adreßtabellen)
. assoziativ   (Kettenadressen)
. random   (formelmäßige Adreßerrechnung).

Der Random-Zugriff sollte - da er die schnellste Zugriffsform auf
einen bestimmten Satz darstellt - auf der Grundlage des für diesen
Satz meistgebrauchten Suchbegriffes erfolgen, so z. B. auf den EST
(Einwohnerstammsatz) über das PKZ (Personenkennzeichen). Über
weitere sekundäre Suchbegriffe kann derselbe Satz mit Hilfe eines
kombinierten random-assoziativen Zugriffes gefunden werden: Sind
z. B. Straße und Hausnummer bekannt, so wird zunächst random
auf den entsprechenden Straßensatz zugegriffen und anschließend
assoziativ über die Straßenbewohner-Kette der EST mit der gesuchten Hausnummer gefunden (bzw. die EST's aller Bewohner dieses Hauses). Das gleiche Suchverfahren wird angewendet, falls ein
EST aufgrund des bekannten Namens des Einwohners gefunden werden soll.

Für relativ selten vorkommende Massenarbeiten - z. B. Druck von
Lohnsteuerkarten, Wahlbenachrichtigungen, Wählerverzeichnissen
u. ä. - ist es wirtschaftlich nicht vertretbar, eigene Spezialdateien
anzulegen, die nur für diese ganz speziellen Zwecke da sind (Er-
stellungsaufwand, Änderungsaufwand und schließlich Datenredundanz). Daher sollte diese Aufgabe programmtechnisch und nicht spei-
chertechnisch gelöst werden: Bei IDS ist es möglich, physikalisch-
sequentiell alle Sätze eines bestimmten Typs (hier z. B. alle EST's)
abzusuchen und durch ein entsprechendes Programm auf die erfor-

derlichen Bedingungen hin (z. B. Wahlberechtigung) zu untersuchen.
Diese physikalisch-sequentielle Absuche kann sich sowohl auf die
gesamte IDS-Datei als auch auf Teilbereiche erstrecken.

Zugriffs- und Verarbeitungsmethoden

Verarbeitung	Zugriff
selektiv (z. B. ein einzelner Ein- wohner)	random (Direktzugriff auf den EST über Umrechnung des PKZ
selektiv/sequentiell (z. B. alle Einwohner einer Straße, alle Wahlberech- tigten eines Wahlbezirks)	random/assoziativ (Direktzugriff auf den Stras- sennamen und anschließend Durchlaufen der Straßenbe- wohnerkette)
total sequentiell (z. B. alle Einwohner ins- gesamt zwecks Struktur- analysen)	physikalisch sequentiell (Phys. sequentielles Absu- chen eines bestimmten Satztyps vom Anfang bis zum Ende der Datei)

Abb. 7: Grundsätzlich lassen sich die Verarbeitungsformen eines Datenbestandes in drei
Kategorien einteilen: Verarbeitet werden soll -
ein einziger Satz eines Typs - eine Gruppe von
Sätzen eines Typs - alle Sätze eines Typs. IDS
hat für jede dieser Verarbeitungsformen die
optimale Zugriffsform.

Würde man umfangreiche Datenbank-Strukturen in Kettenform dar-
stellen, so wäre einmal der Platzbedarf sehr groß und zum anderen
würde die Darstellung leicht unübersichtlich werden. Aus diesem
Grunde hat man eine stenogrammartige, abkürzende Form der Darstellung komplexer Kettenstrukturen entwickelt, die nach folgenden
Regeln vorgenommen wird: Jeder in der Datenbank vorkommende
Satztyp wird - unabhängig davon, wie oft er tatsächlich insgesamt
vorkommt - nur ein einziges Mal durch ein Rechteck, in das der
Name des jeweiligen Satztyps geschrieben wird, dargestellt.

Eine Kette, durch die zwei Sätze verschiedenen Typs (ein Master und seine Details) verbunden sind, wird durch einen Pfeil dargestellt. Der Pfeil verweist vom Master-Satz auf den Detailsatz. Neben den Pfeil wird der Kettenname geschrieben. Diese Darstellungsform wird als Datenstruktur-Stenogramm bezeichnet. In der folgenden Abbildung ist das Datenstruktur-Stenogramm der Einwohnerdatenbank abgebildet:

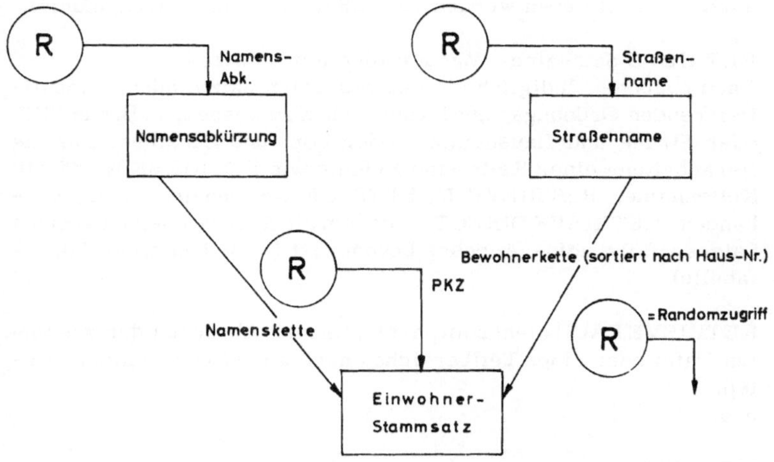

Abb. 8: Die Einwohnerdatenbank bildet eine integrierte Datei, bestehend aus zwei Ketten und drei Satztypen. Auf den Einwohnerstammsatz kann random über das PKZ und random/assoziativ über den Namen und/oder die Straße zugegriffen werden. Durch Hinzufügen weiterer Satztypen und Ketten ist eine beliebige Erweiterung ohne Minderung des Integrationseffektes möglich.

IV. Programmierung

Der vierte Aspekt, unter dem IDS zu betrachten ist, ist der als Programmiersprache. Grundsätzlich schreibt der Benutzer einer IDS-strukturierten Datenbank seine Programme in COBOL. Aufbau und Struktur der Datenbank, d. h. welche Satztypen in der Datenbank vorhanden sind, welche Ketten bestehen und wer jeweils Master-Satz der Kette bzw. Detail-Satz in ihr ist, werden in der IDS-Section innerhalb der DATA DIVISION definiert. Für den Aufbau, die Wartung und den Betrieb der Datenbank gibt es einige wenige IDS-Makrobefehle:

. STORE Satzname = Einspeichern eines Satzes (die entsprechenden Verkettungen und die richtige Einordnung des Satzes in eine sortierte Kette etwa werden von IDS automatisch durchgeführt).

. RETRIEVE Satzname = Wiederholen eines Satzes.
Dazu brauchen lediglich die den gesuchten Satz eindeutig identifizierenden Ordnungsbegriffe angegeben zu werden, z. B. das PKZ oder Straße und Hausnummer oder Vor- und Zunamen. Für die Verarbeitung einer Kette sind Befehle wie RETRIEVE NEXT OF Kettenname, RETRIEVE MASTER OF Kettenname, u. a., vorhanden. RETRIEVE DIRECT dient zum direkten Wiederholen eines Satzes, falls seine Adresse bekannt ist (z. B. aus einer Adreßtabelle).

RETRIEVE EACH dient zum physikalischen Absuchen der gesamten Datei oder eines Teilbereiches nach einem bestimmten Satztyp.
u. a.

. MODIFY Datenname = Ändern eines Datenfeldes in einem Satz.

. DELETE Satzname = Löschen eines Satzes.

Mit diesen wenigen zusätzlichen IDS-Befehlen ist es möglich, eine Datenbank mit einer problem-orientierten, hochstufigen Programmiersprache aufzubauen und wirkungsvoll zu betreiben.

V. Ausbaumöglichkeiten

Ist die Einwohnerdatenbank als erste Stufe des kommunalen Informationssystems realisiert, kann mit der sukzessiven Übernahme weiterer Sachgebiete begonnen werden. Datenstrukturtechnisch können dabei folgende Vorgehensweisen unterschieden werden:

. Für jede neue Funktionsgruppe wird eine einzelne, abgeschlossene IDS-Datei aufgebaut. Diese Methode ist nicht empfehlenswert, da sie von den durch IDS gebotenen Integrationsmöglichkeiten keinen

Gebrauch macht und die bisherige funktionelle Einzeldatei-Organisation fortsetzt. Außerdem wäre die Datenredundanz zu groß.

. Eine einzige IDS-Datei, die alle Funktionsgruppen beinhaltet. Diese Lösung würde vollen Gebrauch von den in IDS vorhandenen Fähigkeiten machen. Eine solche umfassende, zentrale Datenbank setzt allerdings voraus, daß die vielen dezentralen Benutzer mit den entsprechenden Datenfernübertragungsgeräten ausgerüstet sind. Auch stellen Zentralisierung bzw. Integration keine Ziele an sich dar, sondern müssen wirtschaftlich vertretbar sein.

. Eine einzige IDS-Datei (strukturtechnisch), unterteilt in Unterdateien (physikalisch). Diese Methode unterscheidet sich von der vorherigen dadurch, daß aus Gründen nicht ausreichender Speicherkapazität nicht die gesamte IDS-Datei, sondern immer nur Teildateien im direkten Zugriff stehen. Daher ist die Auskunftsfähigkeit des Systems auch auf die jeweils gerade im Zugriff stehenden Teildateien beschränkt. Methodisch gelten die im vorigen Punkt gemachten Ausführungen.

. Eine umfassende IDS-Datei und mehrere kleinere IDS-Dateien. Diese Organisationsform empfiehlt sich vor allem dann, wenn die in den separaten IDS-Dateien gespeicherten Funktionsgruppen keine Ansatzpunkte für eine Integration mit der umfassenden IDS-Datei bieten. Solche separaten IDS-Dateien können z. B. für das Personalwesen und die Krankenhausverwaltung geschaffen werden.

C. Technische Grundlagen für ein kommunales Informationssystem

I. Maschinenausstattung

An das für kommunale Rechenzentren einzusetzende EDV-System müssen folgende Forderungen gestellt werden:

. große Programmkapazität
. Möglichkeit des Anschlusses eines Großraum-Plattenspeichers mit schnellem Direktzugriff
. ausgereifte Software
. Möglichkeit der Datenfernverarbeitung (auch im Time-Sharing-Modus)
. Multiprogramming.

Die Anlagen der Serie GE-600: Die GE-615, GE-635, GE-655 ermöglichen Datenverarbeitung in drei Dimensionen. Unter Datenverarbeitung in drei Dimensionen verstehen wir: Time-Sharing, Remote Batch Processing und Local Batch Processing. Die Serie GE-600 verfügt als bisher einzige Anlage über ein Operating System - GECOS III - das in absoluter Gleichzeitigkeit diese unterschiedlichen Formen der Informationsverarbeitung möglich macht. Bei allen drei Verarbeitungsformen kann auf ein und dasselbe Dateisystem zurückgegriffen werden. Die Zentraleinheiten der Serie GE-600 sind modular aufgebaut. Processor, Arbeitsspeicher und Ein-/Ausgabemoduln schaffen die Hardware-Voraussetzungen für die Arbeitsweise in drei Dimensionen. Der Aufbau der Zentraleinheit bietet deshalb neben dem selbstverständlichen Multiprogramming auch echtes Multiprocessing.

Der modulare Aufbau ist die beste Absicherung gegenüber einem Ausfall des Gesamtsystems, denn modularer Aufbau heißt: mehrere Zentraleinheiten in einer komplexen Zentraleinheit.

Selbstverständlich sind die Anlagen voll kompatibel. Zur Anpassung an gestiegene Aufgaben kann die Leistungsfähigkeit des Systems durch Ausbau der Zentraleinheiten und der Peripherie erheblich gesteigert werden.

II. Programmierung

Die auf so unterschiedliche Verarbeitungsformen zugeschnittene Hardware wird vom Operating-System GECOS III gesteuert.

Neben den sehr leistungsfähigen Compilern für COBOL, FORTRAN und ALGOL existiert ein Makroassembler, der die leichte Anwendbarkeit von problemorientierten Programmierungssprachen mit der Flexibilität von maschinenorientierten Sprachen vereinigt. Die Steuersprache des Betriebssystems ermöglicht die Anwendung sowohl von COBOL, FORTRAN und ALGOL als auch der Makrosprache innerhalb eines Programmes. Weiterhin wurden Programmiersprachen geschaffen, die die Forderungen an einen Time-Sharing-Betrieb erfüllen. Es handelt sich hierbei um die Sprachen BASIC und TIME-SHARING-FORTRAN. Beide Compiler sind für die Betriebsart conversational mode eingerichtet, ermöglichen also einen Dialogbetrieb zwischen Benutzer und System.

III. Zentraleinheiten

Processoren
Speichermoduln
Modularer Magnetspeicher, maximal 4 Module, auf die unabhängig
zugegriffen werden kann. Kapazität des Gesamtspeichers:
65.535 bis 262.144 Wörter zu je 36 Bit, ausbaufähig in Stufen von
32.768 Wörtern, Zykluszeit GE-615: 2 µs/Wort, GE-635: 1 µs/Dop-
pelwort, GE-655:0,5 µs/Doppelwort; 1 - 4 Processoren können mit
jedem beliebigen Modell der Arbeitsspeicher zusammenarbeiten;
Speicherschutz durch Hardware-Einrichtung Fest- und Gleitkomma-
rechenwerke.

IV. Ein-/Ausgabeprocessoren

1 - 4 Ein-/Ausgabeprocessoren können mit jedem beliebigen Modul
der Arbeitsspeicher unabhängig von den Processoren zusammenarbeiten.

Pro Ein-/Ausgabeprocessor maximal 16 Selektorkanäle
(400, 200, 150 oder 24 kHz).

V. Randeinheiten

Lochkartenleser bis 60.000 Karten/std.
Lochkartenstanzer bis zu 18.000 Karten/std.
Drucker bis zu 72.000 Zeilen/std.
Lochstreifensystem: Lesen 500 Zeichen/sec.
Stanzen 150 Zeichen/sec.
Magnetbandgeräte bis zu 160.000 Zeichen/sec.
Magnettrommelspeicher, bis zu 9,4 Mio Zeichen,
mittlere Zugriffszeit 17 msec
Wechselplattenspeicher, bis zu 220 Mio Zeichen
je Untersystem, mittlere Zugriffszeit 87,5 msec
Magnetplattenspeicher
Festplattenspeicher, bis zu 306 Mio Zeichen pro
System, mittlere Zugriffszeit 26 msec
Magnetplattenspeicher

Festplattenspeicher, bis zu 12,8 Mrd Zeichen pro
System, mittlere Zugriffszeit 90 msec
Ein-/Ausgabeprocessoren für die Datenfernverarbeitung
für den Anschluß mehrerer hundert Fernleitungen
Bildschirmgeräte, Ein-/Ausgabeterminal's und
Computer der Serien GE-50 und GE-100 für die Daten-
fernverarbeitung

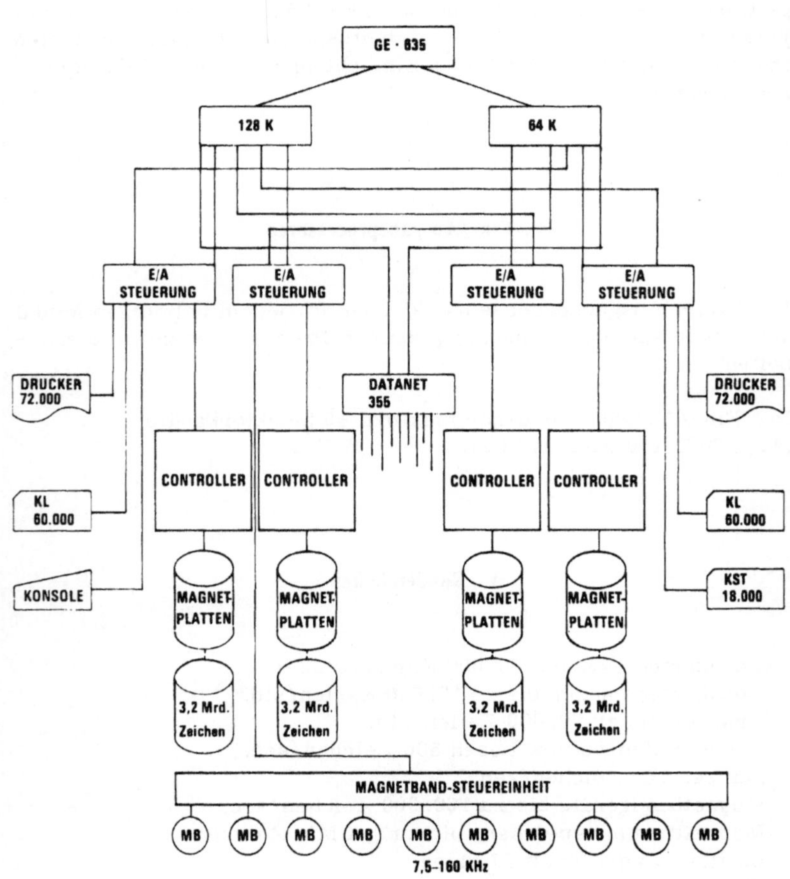

Abb. 9: Maschinenkonfiguration für ein integriertes kommunales Informationssystem
in der Endausbauphase.

Aufbau und Einführung
eines integrierten Marketing-Informations-Systems

— Erfahrungsbericht —

Von

Dipl.-Math. H. Gabler

Henkel & Cie. GmbH, Düsseldorf

Inhalt

A. Problemstellung und Zielsetzung

I. Vorbedingungen zur Zielsetzung

Die fortschreitende Entwicklung in der Anwendung von Computern zur Planungs- und Entscheidungsvorbereitung führte in unserem Unternehmen dazu, daß 1966 - 67 die ersten Einsatzmöglichkeiten im Marketingbereich untersucht wurden. Dies führte zur Entwicklung eines in sich abgeschlossenen Modells der Mediaoptimierung. Bei der weiteren Untersuchung mit dem Ziel, ein komplexes computergestütztes Marketingmodell aufzubauen, stieß man auf Schwierigkeiten. Es fehlten brauchbare Hypothesen und genügend computerverarbeitbare Daten zur Modellanalyse.

II. Zielsetzung

Um diesen letzten Punkt, der zu einer gewissen Informationsunsicherheit geführt hatte, zu beseitigen, wurde der Plan zum Aufbau eines computergestützten integrierten Marketing-Informationssystems (IMIS) gefaßt. Als Begründung dieses IMIS wurden drei Ziele genannt:

a) Schnellere Information durch Zentralisation aller marketingorientierten Daten,

b) komplexere Planungsmöglichkeiten durch Anwendung modellartiger Methoden zur Auswertung und Darstellung der Daten,

c) integrierte Datenbank als Grundlage zur Entwicklung von Marketingmodellen.

III. Auftrag

Diese Zielsetzungen führten zu dem Auftrag, ein computergestütztes Informationssystem zu entwickeln. Zur Lösung dieser

Aufgabe wurden zwei Teams mit jeweils einem Projektleiter gebildet. Ein Team, das sich mit den benutzerorientierten Aspekten zu befassen hatte, und ein Team, das das System aufzubauen
hatte.

B. Systemanalyse

I. Datenbestand

Die erste Phase der Systementwicklung wurde durch die Analyse
des bisherigen konventionellen Informationssystems bestimmt.
Dabei ergab sich, daß folgende marketingrelevante Informationen archiviert und verarbeitet werden:

a)   Externe Informationen (Marktforschung)
aa)   Regelmäßige Markterhebungen
ab)   Fallweise Marktuntersuchungen
ac)   Globale Informationen

b)   Interne Informationen
ba)   Regelmäßige Istberichte
bb)   Regelmäßige Planinformationen
bc)   Fallweise Detailplanungen/-erhebungen

Die regelmäßig anfallenden Informationen werden teilweise zentral, teilweise dezentral ausgewertet und zur Berichterstattung
dargestellt und kommentiert. Der dabei ablaufende Prozess ver-
zögert im allgemeinen die Aktualität der Informationen um zwei
bis vier Wochen und ermöglicht nur in den seltensten Fällen
Sonderauswertungen.

Von dem aufzubauenden IMIS sollten diese periodisch ablaufen-
den Prozesse übernommen werden. Dazu mußten einerseits die
anfallenden Urdaten erfaßt und andererseits die Auswertungen
standardmäßig aufbereitet und beide - Urdaten wie Standardauswertungen - gespeichert werden.

Die nur unregelmäßig anfallenden Daten wurden aus den Betrachtungen zum Ausbau der Datenbank eliminiert, da sie nur einen Umfang von ca. 10 % des gesamten Datenbestandes ausmachten.

II. Systemkonzeption

Diese Untersuchungen hatten zur Folge, daß man eine Zweiteilung der Datenbank vornahm. Ein Teil, die off-line Datenbank, besteht aus den Urdaten und wird nur zu Sonderauswertungen und Modellanalysen benötigt. Aus diesem Teil entsteht durch ein komplexes, aber variables Updatesystem der on-line Teil der Datenbank, der für das eigentliche IMIS gebraucht wird. (Im folgenden wird nur dieser on-line Teil als Datenbank bezeichnet.) Aufgenommen werden in diese Datenbank alle bisher auch erstellten Standardauswertungen. Darüber hinaus wurde durch eine Erweiterung dieser Auswertungen wesentlich komplexere Planungsuntersuchungen möglich gemacht.

Um dem Manager einen direkten Zugang zu der Datenbank zu gestatten, wurden ein Kommunikationssystem und eine Methodenbank aufgebaut. Als Kommunikationsmittel wurde dem Manager eine optische Datenanzeige mit Eingabetastatur zur Verfügung gestellt. Durch eine dialogartige Interaktion zwischen Mensch und Computer erhält der Benutzer unter Anwendung von Methoden die gewünschten Informationen zu Planungs- und Kontrollfunktionen.

III. Technische Systemkonzeption

Der Auftrag zum Aufbau des IMIS wurde in den Rahmen der Möglichkeiten des Rechenzentrums gestellt. Das hatte zur Folge, daß zunächst eine Maschine des Typs IBM /360-40 mit 256 K Kernspeicher als Zentraleinheit und ein Plattenspeicher 2314 als Externspeicher zur Verfügung standen. Als Terminals wurden für die Implementierungsphase die optische Anzeige 2265 und ein Drucker 1052 vorgesehen. Um weitere Anwendungsbereiche für Teleprocessing anschließen zu können, wurde als Betriebssystem QTAM gewählt.

C. Aufbau des IMIS

I. Datenbankkonzeption

Die vorliegenden Daten boten es an, statt einer Globaldatenbank
eine segmentierte Datenbank aufzubauen. Die Aufteilung wurde
so vorgenommen, daß für die einzelnen Segmente ein gleichartiger Aufbau möglich war. Dadurch läßt sich die Datenbank jederzeit erweitern, ohne daß Systemänderungen vorgenommen
werden müssen.

Alle Informationen, die in diese Segmente aufgenommen werden
sollten, bestehen aus einem Datum und mehreren Ordnungsbegriffen wie Produktname, Zeitraum, Datenbegriff und Regional-
untergliederung. Um ein Beispiel aus der Marktforschung zu
nennen: 'Persil', '1963', 'Nielsengebiet 1', 'Lagerbestand im
Einzelhandel' sind Ordnungsbegriffe zu einem Datum und bilden
eine Marketinginformation. Zu einer relativ kleinen Anzahl von
Begriffen gehören aber durch die Unzahl aller möglichen sinn-
vollen Kombinationen von Begriffen eine sehr große Zahl von
Daten. Beispielsweise sind bei 300 Produkten, für die in 12 Zeit-
räumen und bei 30 Untergliederungen jeweils 20 Daten ausgewie-
sen werden, maximal

$$300 \times 12 \times 30 \times 20 = 2,16 \text{ Mio Daten vorhanden}$$
bei nur
$$300 + 12 + 30 + 20 = 362 \text{ Begriffen.}$$

Will man die Segmente unabhängig von den Verarbeitungspro-
grammen halten, so ist man gezwungen, die Daten und die Begriffe zu speichern. Um die Datenbank redundanzfrei zu halten,
muß einerseits eine Trennung, andererseits eine Verkettung
der Begriffe und Daten vorgenommen werden.

Den Teil des Segmentes, der die Begriffe enthält, bezeichnen
wir als Thesaurus, den Datenteil als Datei.

II. Thesaurusaufbau

Um eine Ordnung in dem Thesaurus zu erhalten und leichte Such-
vorgänge zu ermöglichen, wurden die Begriffe durch eine Zusammenfassung unter Oberbegriffen in eine Art Baumstruktur
gegliedert. So sind etwa die Begriffe A, B, C, D, E, F, G durch
drei Oberbegriffe a, b, c folgendermaßen gegliedert:

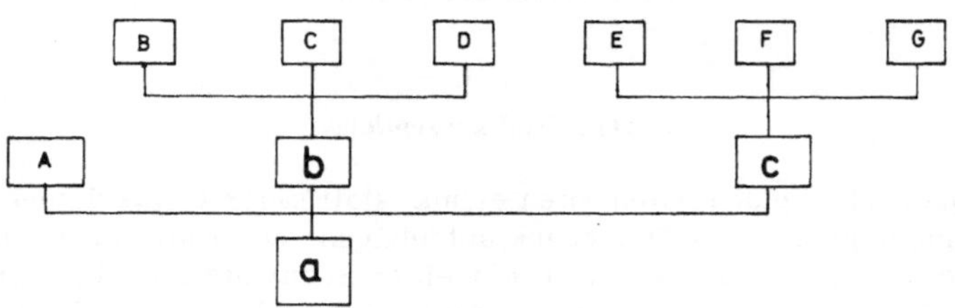

Mit einer relativ einfachen Definition der logischen Abhängig-
keiten wird durch einen Thesaurus-Generator diese Struktur
für das Datenbanksegment aufgebaut und die Verkettung zur Datei erzeugt. Mehrfachnennungen von Begriffen sind erlaubt, ohne
daß die Daten mehrfach gespeichert werden.

III. Dateiaufbau

Durch eine sinnvolle Kombination der Daten zu logischen und
physischen Sätzen aufgrund der Thesaurus-Dateiverknüpfungen
ist es möglich, jedes Datum mit einem einzigen Zugriff zu erhalten. Die physischen Sätze werden durch direkte Satzadressie-
rung angesprochen. Bei Erweiterungen oder Änderungen des
Datenbestandes um physische Sätze, z. B. durch Neueinführung
von Produkten, wird keine Reorganisation der Datei vorgenommen. Beim Updaten werden nur die neu aufgenommenen Daten
bewegt. Alle übrigen Daten bleiben in ihrer relativen Position
in der Datei unverändert.

IV. Segmentintegration

Alle Segmente sind nach dem obigen Prinzip aufgebaut. Die Integration dieser Segmente wird auf der Ebene der Thesauren
durchgeführt. Alle Begriffe, die in verschiedenen Thesauren
vorkommen und äquivalente Bedeutung haben, werden in einen
Masterthesaurus (MT) gestellt. Die Begriffe innerhalb des MT
werden nicht nach der Baumstruktur, sondern alphabetisch geordnet. Zusätzlich können synonyme Begriffe und Begriffe, die
auf Methoden zeigen, eingefügt werden.

Die einzelnen Teile der Daten- und Methodenbank sind also folgendermaßen verkettet:

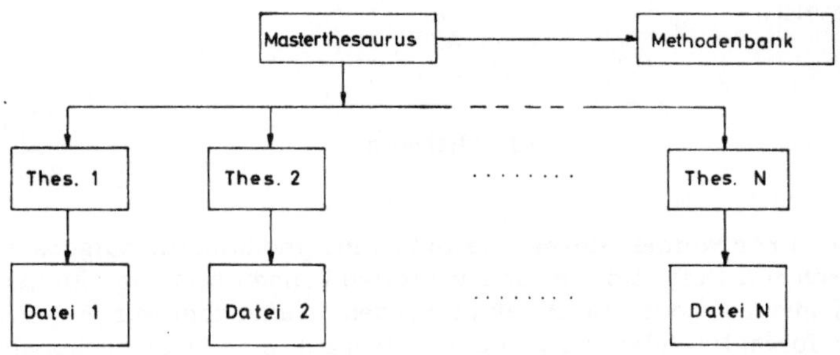

V. Kommunikationssystem

Für die Kommunikation Benutzer⟺ Datenbank wurde ein einheitliches System geschaffen. Dieses System erlaubt es, verschiedene Kommunikationsarten auszuführen, die zur gleichen Auswertung der Datenbank führen.

1. Stufe: Dialog

Der Benutzer arbeitet in Form eines Frage - Antwort - Spiels die Baumstruktur der Thesauren ab.

2. Stufe: Direktanfrage

Der Benutzer gibt in streng formatisierter Art seine Anfrage ein - segmentbezogen oder allgemein.

3. Stufe: Verbalanfrage

Der Benutzer gibt unformatisiert seine Verbalanfrage ein, und das System übersetzt diese Anfrage in eine Direktanfrage.

Bei allen diesen Anfragen werden keine Daten gelesen oder verarbeitet. Die Kommunikation geschieht ausschließlich mit den Thesauren und dem MT.

Ergebnis aller Anfragen ist eine mehrdimensionale Adressmatrix. Durch Auswahl einer Methode vom Benutzer werden mit Hilfe dieser Matrix die Daten gelesen (pro Datum maximal ein Zugriff), verarbeitet und mit den zugehörigen Begriffen dargestellt.

VI. Methoden

Alle Programme dieses Systems sind modulartig aufgebaut. Durch eine Definition der Schnittstellen können beliebige Methoden geändert oder hinzugefügt werden. Außerdem wurde durch den formalisierten Aufbau der Datenbank eine Datenbankunabhängigkeit der Module erreicht. Es können ohne Systemänderungen neue Segmente und neue Methoden hinzugefügt werden.

D. Aufwand

Das oben dargestellte System wurde in eigener Regie entwickelt. Auf Erfahrungen anderer Firmen konnte nicht zurückgegriffen werden, da diese Systemkonzeption zu einem Zeitpunkt entstand, an dem noch keine Entwicklungen dieser Art bekannt waren.

Bis jetzt (Implementation mit 12 Segmenten und etwa 10 Methoden) erfordert das System einen Programmieraufwand von 7 Mannjahren - inclusive der Datenbankupdate-Routinen. Alle Programme sind in FORTRAN oder COBOL geschrieben.

C. Entwicklungsstand und Entwicklungstendenzen

Internationaler Entwicklungsstand und Tendenzen auf dem Gebiet computer-gestützter Entscheidungssysteme

— Plenumsreferat —

Von

Dr. rer. pol. R. Herbold
Diebold-Deutschland, Frankfurt

Inhalt

Vorbemerkung

Ein amerikanischer Hersteller des Nahrungs- und Genußmittel-
sektors spürte den Verbrauchsgewohnheiten der amerikanischen
Familie nach und untersuchte Einkaufsmotive und Einkaufsver-
halten der amerikanischen Hausfrauen. Der Grad der Freude
oder Unlust am Kochen wurde ermittelt, auch die Rolle, die
Fertiggerichte im Berufsleben der Hausfrau spielen, die Reaktionen der Konsumentinnen auf neue Produkte und auf die Art
und Weise der Produktankündigung. Geographisch bedingte Ver-
haltensweisen wurden festgestellt, klimatisch und saisonale Be-
sonderheiten und Einflüsse gemessen. Daraus entstand das Modell der amerikanischen "Durchschnittshausfrau". Das Modell,
in Algorithmen gefaßt, wurde dann in das computer-gestützte
Management-Informationssystem der Unternehmung eingefügt.

Bereits seit drei Jahren bedient sich der Marketingbereich der
Firma dieses Modells. Er versucht, Erfolgsaussichten eindeutig
definierter neuer Produkte zu bestimmen und stützt darauf die
Entscheidungen über Zeitpunkt, Art und Weise und regionale
Abgrenzung der Einführung.

Kürzlich gab die Unternehmensleitung bekannt, daß die auf das
Modell gestützten Entscheidungen richtig waren. Die Reaktionen
der Hausfrauen auf die in den letzten drei Jahren auf den Markt
gebrachten Produkte entsprachen den Vorhersagen.

Der Zufall mag seinen Teil dazu beigetragen haben. Dessen war
man sich bewußt. Dennoch: Die Unternehmensleitung fühlt sich
durch den Erfolg ermuntert, das computer-gestützte Entscheidungssystem auszudehnen und auszubauen. Heute schon stehen
dem Management dieser Firma weit über 100 Modelle, wenn
auch z. T. recht einfache Modelle, für die computer-gestützte
Entscheidungsvorbereitung zur Verfügung.

Dieses Beispiel beleuchtet nicht nur einen kleinen Ausschnitt
aus einem funktionsfähigen Teilsystem. Es läßt zugleich erkennen, wie sehr sich der Schwerpunkt des Computereinsatzes
von der Verarbeitung periodisch anfallender, gleichartiger Da-
tenmassen zum wirkungsvollen Instrument des Managements
hin verlagert hat.

Abrechnungs- und Bestandsführungsaufgaben, die zu den ersten
Computeraufgaben in den Unternehmungen überhaupt zählten,

gelten als vergleichsweise problemlos zu den Aufgabenstellungen, die man den Computersystemen heute zuweist. Dessenun-
geachtet bleibt die schnelle und sichere Abwicklung "traditionel-
ler" Arbeiten unabdingbare Voraussetzung für die Lösung vieler
qualifizierter Computeraufgaben. Die Abrechnungsfunktion des
Computers verliert nur relativ an Bedeutung.

A. Realisierte Teilsysteme

Die Daten, die bei diesen Prozessen erfaßt bzw. gewonnen werden, sind Träger von Informationen, auf die sich Führungskräfte
bei operationellen und unternehmerischen Entscheidungen stüt-
zen. Der hohe Stand der Computerentwicklung gestattet es, die
bei der herkömmlichen elektronischen Datenverarbeitung in
allen Funktionsbereichen erfaßten Daten mit Hilfe des Computers
so aufzubereiten, zu verknüpfen und bereitzustellen, daß sie
jederzeit als aktuelle, aussagefähige Daten verfügbar sind. Da-
tenbereitstellung in Datenbanken, Modellbereitstellung, Dokumentation, Auskunft und unter anderem die Simulation mit Hilfe
des Computers erhalten immer größeres Gewicht in den Unternehmungen. Der Computer ist im Begriff, zu einem wichtigen,
in großen Unternehmungen unentbehrlichen Hilfsmittel für Planung, Realisierung und Kontrolle zu werden. Er wird als Ele-
ment eines Systems angesehen, das man als Informations- und
Kontrollsystem oder Entscheidungssystem bezeichnet.

Entwicklung und Aufbau computer-gestützter Entscheidungssysteme sind schwierige, kostspielige und langdauernde Prozesse. Selbst bei dem gegenwärtig hohen Stand der Computer-
technik ist in keiner Unternehmung ein computer-gestütztes, die
gesamte Unternehmung optimal umspannendes System, das "totale" System, zu finden. Alle vorhandenen Systeme sind beim An-
legen strenger Maßstäbe nicht mehr als Teilsysteme, computer-
gestützte Entscheidungssysteme also, die keinen universellen
Charakter haben. Sie sind für Teilbereiche der Unternehmungen
errichtet oder für die Firmenleitung. Dort, wo die Wettbewerbs-
fähigkeit der Unternehmung nach Einführung der Systeme verbessert werden konnte, spricht man heute von "erfolgsreichen"
Systemen. Bessere Kriterien für die Erfolgsmessung hat man
noch nicht gefunden.

Wer sich von computer-gestützten Entscheidungssystemen absolute Kostensenkung verspricht, das zeigt die Praxis weltweit,
der wird enttäuscht werden. Der Vorteil der Systeme liegt in

der Tat in dem von vornherein kaum oder nicht quantifizierbaren Output des gesamten Systems, also nicht allein im Computeroutput. Das heißt, daß die Qualifikation des Informationsempfängers, die Befähigung des Menschen, mit den Elementen des Systems in adäquater Weise in Beziehung zu treten und deren Output zu verwerten, in nicht unerheblichem Maße Erfolg oder Mißerfolg bestimmen.

Die amerikanische Wirtschaftspraxis verzeichnet einige folgenschwere Fehlschläge bei der Einführung von computer-gestützten Entscheidungssystemen. In den meisten Fällen kann das Versagen des Systems auf das Versagen des Elementes Mensch zurückgeführt werden. Fehlschläge wird es auch in Zukunft geben, und häufig werden die Ergebnisse realisierter Systeme auch weiterhin hinter den Erwartungen zurückbleiben. Trotzdem werden in Zukunft computer-gestützte Entscheidungssysteme mit der fortschreitenden Verbesserung von Hardware und Software, mit fortschreitenden Erkenntnissen in der Anwendung, und nicht zuletzt mit dem ständig steigenden Computereinsatz in Wirtschaft und öffentlicher Verwaltung in immer größerer Zahl konzipiert und realisiert werden.

B. Computer-gestützte Entscheidungssysteme in den USA

Zu Beginn des Jahres 1970 waren weltweit nahezu 112.000 Computer im Einsatz. [1] Davon entfielen auf die Vereinigten Staaten von Nordamerika mehr als 73.000, also ca. zwei Drittel des erfaßbaren Weltbestandes. Westeuropa verzeichnete 23.900 Computerinstallationen. In der Bundesrepublik Deutschland waren zum gleichen Zeitpunkt 6.329 Computer installiert, allerdings unter Berücksichtigung der kleinen Installationen mit durchschnittlichen Monatsmieten von weniger als DM 8.000. [2]

---

1) Erfaßbare Installationen lt. Diebold Statistik,
   Stand 1.1.1970, Diebold Deutschland GmbH, Frankfurt/M.

2) Die Zahl der Computerinstallationen in der BRD mit
   durchschnittlichen Monatsmieten ab DM 8.000 betrug
   5.433 (1.1.70)

14*

Wie die Statistik zeigt, sind die USA, bezogen auf die Anzahl
der Unternehmungen, absolut und relativ stärker als jede andere
Volkswirtschaft mit Computern ausgestattet. Amerikanische
Firmen besitzen auch die längste Erfahrung in der Computeranwendung. Außerdem ist in den Vereinigten Staaten große Ex-
perimentierfreude auf dem Gebiet des Computereinsatzes festzustellen, gleich, welche Gründe es dafür auch geben mag. In
Würdigung dieser Umstände erscheint es angebracht, die Be-
leuchtung des internationalen Entwicklungsstandes auf dem Gebiet computer-gestützter Entscheidungssysteme mit einer Betrachtung der Situation in diesem Land zu beginnen.

In einer Art Euphorie, ausgelöst durch erfolgreiche Computer-
anwendungen in den späten fünfziger und in den frühen sechziger
Jahren, glaubte man beim Erscheinen der Computer der dritten
Generation, auf dem Weg zum "totalen" computer-gestützten
Entscheidungssystem zu sein.

Man erzielte große Fortschritte. Bald aber dämpften Fehlschläge die Begeisterung. Mit mehr Realismus und mit weniger hoch
gesteckten Zielen wurde die Entwicklungsarbeit fortgesetzt.
Was man heute in den USA erreicht hat, sind Etappenziele.
Terrance Hanold, der Präsident der Pillsbury Corporation, hat
wiederholt erklärt, man habe weniger erreicht, als ursprünglich gewollt, man sei aber weiter gekommen, als man überhaupt
noch zu hoffen wagte.

Ebenso wie der in den USA zunächst eingeschlagene Weg zum
"totalen" Entscheidungssystem wieder verlassen wurde, der
Weg zu einem System, das alle wichtigen Unternehmens- und
viele Umweltdaten aus Vergangenheit und Gegenwart bereithal-
ten soll, so wurde auch der Versuch aufgegeben, innerhalb eines
großen Entscheidungssystems ein Gesamtfirmenmodell zu entwickeln. Man schuf Teilsysteme mit weniger komplizierten
Modellen.

Bei großen, dezentral organisierten Unternehmungen umfassen
die Teilsysteme bereits Zweigwerke oder Tochtergesellschaf-
ten. Bedingt durch die starke Marketing-Orientierung der US-
Firmen dominieren Marketing-Entscheidungssysteme, die zum
Teil mit Untersystemen aus den Bereichen Produktion, Lager-
wesen und Entwicklung verflochten sind. Entscheidungssysteme
die das Rechnungs- und Finanzwesen umspannen, sind stark auf
die Anforderungen der Unternehmensleitungen ausgerichtet,
doch heute schon werden relevante Daten aus diesen Systemen
in steigendem Maße den Führungskräften auf allen Ebenen und
in allen Funktionsbereichen zugänglich gemacht.

Aus der Eigenart der bestehenden Entscheidungssysteme erklärt sich zwangsläufig die Feststellung, daß sie hauptsächlich von Führungskräften der mittleren Ebene in Anspruch genommen werden. Als Teilsysteme sind sie in erster Linie auf deren Informationsprofile ausgerichtet, was zu einem nicht geringen Teil in den Schwierigkeiten der Dateienverknüpfung seine Ursache hat. Eine weitere, wenn auch sekundäre Ursache für diese Erscheinung ist in dem mangelnden Engagement vieler Unternehmensleitungen beim Aufbau der Systeme zu suchen. Eine Analyse zeigt, daß manche Unternehmensleitung versäumte, ihre Informationserfordernisse rechtzeitig zu definieren, oder daß sie glaubte, dazu gar nicht in der Lage zu sein. Dort, wo das obere Management der Meinung war, mit dem Beschluß zur Errichtung des computer-gestützten Entscheidungssystems fürs erste das Seinige getan zu haben, dort konnte selbst qualifiziertestes Mittelmanagement das fehlende Engagement der Spitze nicht ausgleichen.

Ist ein System nach schwieriger Aufbauphase unter Einsatz bester Fachkräfte funktionsbereit, so hängt der Erfolg erst recht von den Menschen ab, die sich des Systems bedienen. Die Erfahrung lehrt, daß eine Unternehmensleitung, die sich wenig um das Projekt kümmert, auch vom funktionsfähigen System wenig Gebrauch macht. Andererseits zeigt die amerikanische Erfahrung außerdem, daß ein aufgeschlossenes Top-Management nicht ohne weiteres mit der Aufgeschlossenheit der übrigen Führungskräfte für das Entscheidungssystem rechnen kann. Es überrascht nicht, daß in Unternehmungen, in denen erfolgreich mit Entscheidungssystemen gearbeitet wird, der Erfolg erst durch Druck vom Präsidentenstuhl her zu erzielen war. Man findet Unternehmungen, die ihre Führungskräfte geradezu zwangen, die Informationserfordernisse frühzeitig zu definieren, und die das Management heute zwingen, sich der Entscheidungssysteme und der darin verankerten relativ einfachen Modelle zu bedienen. Neben akzeptabel funktionierenden Entscheidungssystemen gibt es in den USA solche, deren Wirkungsgrad in einem kaum vertretbaren Verhältnis zum Leistungsvermögen der eingesetzten Sachmittel steht.

Seit ungefähr zwei Jahren zeichnet sich (mit der wachsenden Verfügbarkeit leistungsfähiger Hard- und Software) die Tendenz zur Verbesserung und gleichzeitigen Zentralisierung von Entscheidungssystemen ab. Bereits bestehende dezentrale Teilsysteme werden durch zentrale Systeme überlagert. Das Beispiel eines US-Konzerns mag diese Entwicklung veranschaulichen: Die Fabrikationsstätten besitzen eigene (dezentrale) Entscheidungssysteme. Zusätzlich wurde ein zentrales System ent-

wickelt, das den Anforderungen zentraler Entscheidungsfindung
in der Konzernspitze genügen soll. Dieses zentrale System erhält einen Teil seines Inputs von den dezentralisierten Systemen
und von der Umwelt. Mit Hilfe des zentralen Systems hat die
Unternehmensleitung u. a. einen aktuellen und vollständigen
Überblick über die Liquidität des gesamten Konzerns, obgleich
der Konzern mit mehr als 250 Banken arbeitet. In diesem zentralen System sind auch wichtige Personalinformationen über
Spezialisten und Führungskräfte aller Konzernteile verfügbar.
Über ein zentrales Auftragserfassungswesen steuert das System
die Produktauslieferung und Produktlagerung. Im engen Zusammenhang damit liefert das zentrale System eine Reihe von
Inputdaten an die dezentralen Systeme. Dieses Beispiel beschreibt noch nicht das "totale" computer-gestützte Entscheidungssystem, vielleicht aber einen Anfang dazu.

Große US-Unternehmungen besitzen oder planen für ihre Entscheidungssysteme eigene Kommunikationsnetze über das ganze
Land hinweg, z. T. auch nach Übersee. Einige Firmen bedienen
sich festgeschalteter Hochgeschwindigkeitsleitungen, andere
planen Datenübertragung über Nachrichtensatelliten.

C. Europa hinkt nach

Sieht man von einigen frühen britischen Installationen ab, so
läßt sich feststellen, daß der Computer in den USA früher als
in Europa Eingang in die Wirtschaft gefunden hat. Dieses sog.
"Time Lag" in der Computeranwendung, also das Nachhinken
der europäischen Entwicklung hinter der amerikanischen, hat
sich bis zum heutigen Tag fortgesetzt. Geradezu zwangsläufig
folgt, daß auch computer-gestützte Entscheidungssysteme in
Europa später in Angriff genommen wurden als in den USA.

Wie sich heute zeigt, hat das Time Lag auch eine positive Seite:
Es bewahrte die europäische Wirtschaft vor kostspieligen Ex-
perimenten und gab ihr Zeit, weniger enthusiastisch, aber auf-
geschlossen, mit zeitlichem Handlungsspielraum und mit durch-
dachten Plänen die computer-gestützten Entscheidungssysteme
in Angriff zu nehmen.

Zu den Schrittmachern auf europäischem Boden gehören große
britische, aber auch einzelne französische und italienische Firmen, darunter zwei italienische Großbanken. In der Bundesrepublik Deutschland setzte der Übergang vom computer-gestütz-

ten Abrechnungssystem zum computer-gestützten Entscheidungssystem zwar spät, aber dafür in größerer Breite ein als in anderen europäischen Ländern.

Europäische Firmen bemühen sich, fortschrittliche Teilsysteme zu entwickeln. Solche Systeme sind bereits im Fertigungsbereich zu finden, aber auch im Marketing- und Personalsektor. Die deutsche Tochter einer amerikanischen Gesellschaft hat beispielsweise in fünf Jahren ein Personal-Informationssystem mit Datenfernübertragung aufgebaut, dessen Struktur in den nächsten Jahren auf weitere Teilsysteme in anderen Firmenbereichen übertragen werden soll.

Die Einbeziehung amerikanischer Tochterfirmen auf europäischem Boden in weltweite US-Entscheidungssysteme wird nicht ohne Auswirkungen auf die Entwicklung von Entscheidungssystemen im europäischen Raum bleiben. Auch in Deutschland ist man sich der Bedeutung dieses Vorganges bewußt.

Sowohl in den USA als auch in Europa, und hier in besonderem Maße in der Bundesrepublik Deutschland, werden in den nächsten drei bis fünf Jahren verstärkt computer-gestützte Entscheidungssysteme aufgebaut werden. Größere qualitative Fortschritte dürften aber erst dann zu erzielen sein, wenn es gelingt, die Kommunikation zwischen dem Computer und dem Unterstützung suchenden Menschen zu verbessern. Auf dem Gebiet der Software besteht großer Bedarf an problemnahen Sprachen, die den Verkehr mit dem Computersystem und damit auch die Problemformulierung vereinfachen. Es bedarf der verbesserten Software-Systeme für das Datenmanagement. Die Computer selbst müssen schneller und "intelligenter" und die externen Speichermedien bei kürzeren Zugriffszeiten größer werden. Höhere Geschwindigkeit und größere Kapazität dürfen aber nicht zur Verteuerung der Systeme führen. Im Gegenteil: "Intelligentere" Peripherie, vor allem "intelligente" Terminals müssen billiger werden. Wenn dieser Zustand erreicht sein wird - es gibt keinen Zweifel, daß er erreicht werden wird - dann werden in Europa die höchsten Barrieren zu größeren Entscheidungssystemen gefallen sein.

In Deutschland wird die Realisierung computer-gestützter Entscheidungssysteme für absehbare Zeit durch den Mangel an qualifizierten Datenverarbeitungsfachkräften und durch die hohen Kosten der Datenübertragungswege beeinträchtigt werden. Fachkreise befürchten, daß das sog. "Communications Problem" in der Bundesrepublik wesentlich langsamer gelöst werden kann als in den USA: Trotz verbesserter Technik und trotz

qualifizierter Software wird das "Communications Gap" gegenüber Amerika größer werden. Da aber das, was man als "Communications" bezeichnet, wesentlicher Bestandteil der computer-gestützten Entscheidungssysteme ist, besteht zugleich die
Gefahr, daß der Abstand der deutschen Entwicklung von derjenigen in den USA schon dadurch auf absehbare Zeit kaum verringert werden kann. Hemmend könnte sich auch der Hang zu
möglichst langer Nutzung der installierten Computer auswirken.
Mit den Anlagen der zweiten Generation oder mit der darauf
ausgerichteten Ablauforganisation läßt sich aber - wenn überhaupt - nur bedingt ein erfolgversprechendes, wirtschaftlich
vertretbares, computer-gestütztes Entscheidungssystem aufbauen. Nicht zuletzt wirkt sich auch das geringe Wissen der Führungskräfte um Computer und Computeranwendung negativ aus.

Für Europa darf zusammenfassend festgestellt werden, daß zur
Zeit in den meisten größeren Unternehmungen am Aufbau von
computer-gestützten Entscheidungssystemen gearbeitet wird,
die den Charakter von Teilsystemen tragen. In einigen wenigen
Firmen, in Firmen, die bereits funktionsfähige Teilsysteme besitzen, betreibt man die Integration der Teilsysteme. In der Bundesrepublik Deutschland ist steigendes Interesse für computer-
gestützte Entscheidungssysteme festzustellen, und die Bemühungen um den Aufbau der Systeme werden intensiviert.

Den qualitativen Vorsprung aufzuholen, den große amerikanische
Firmen haben, das dürfte den europäischen Firmen vorerst noch
Schwierigkeiten bereiten. Das schließt nicht aus, daß in der
"Alten Welt" bereits Entscheidungssysteme anzutreffen sind,
die sich mit US-Systemen messen können. Man darf davon ausgehen, daß in wenigen Jahren auch in Europa technisch und orga-
nisatorisch hervorragend entwickelte Systeme vorhanden sein
werden. Es wird sich - dieser Vergleich sei gestattet - um
"handwerkliche" Qualitätsarbeit, um Einzelfertigung handeln.

D. Die Entwicklung in Osteuropa und Asien

Die Darstellung des internationalen Entwicklungsstandes wäre
unvollständig, wollte man nicht den Versuch unternehmen, einen
Blick auf Osteuropa und Asien zu werfen. Über den Stand in Osteuropa und der UdSSR läßt sich aber keine detaillierte Aussage
machen. Hier fehlt es bisher an Quellenmaterial und Erfahrungsaustausch. Aufgrund der vorliegenden Informationen dürfte die
Annahme zutreffen, daß die Sowjetunion über einzelne qualifi-

zierte computer-gestützte Entscheidungssysteme verfügt. Wenn
es stimmt, daß in der UdSSR Anfang dieses Jahres ca. 4.200
Computer installiert waren, dann liegt die Betonung auf dem
Wort "einzelne".

Die anderen Staaten des Ostblocks bemühen sich z. Zt. - wie
die Sowjetunion - um die theoretische Durchdringung des Problemkreises, allen voran die DDR, die Anfang 1970 über ungefähr 360 Computer-Installationen verfügte. Die Anwendung der
Erkenntnisse in größerem Rahmen dürfte in diesen Ländern in
Gegenwart und naher Zukunft an dem Mangel an großen Computersystemen scheitern.

Japan hatte zu Beginn des Jahres 1970 ca. 5.700 Computer installiert, also ungefähr so viele wie die Bundesrepublik Deutschland. Es ist bekannt, daß die japanische Wirtschaft über computer-gestützte Entscheidungssysteme in der Industrie und im
Dienstleistungssektor verfügt. Auf Teilgebieten - und hierfür
mag das bekannte Beispiel des japanischen Rundfunks gelten -
ist nach Ansicht europäischer und amerikanischer Experten die
Entwicklung überraschend schnell zu Spitzenleistungen geführt
worden. Es mag gewagt erscheinen, aber unbegründet ist es
sicherlich nicht, wenn man den Stand der Entwicklung auf dem
Gebiet computer-gestützter Entscheidungssysteme in Japan mit
dem der BRD auf eine Stufe stellt. Möglicherweise schreitet die
Entwicklung in Japan schneller fort als in Deutschland.

E. Schlußbemerkung

Zusammenfassend ist festzustellen, daß in allen Industrielän-
dern bereits computer-gestützte Entscheidungssysteme im Einsatz sind. Es sind Teilsysteme, die in der Mehrzahl noch ein
gutes Stück von dem entfernt sind, was man sich im Idealfall
darunter vorstellt. An der Ergänzung und Verbesserung wird
mit fortschreitender Intensität gearbeitet. Sowohl quantitativ
als auch qualitativ nehmen die Vereinigten Staaten von Nordamerika die Führungsposition ein. Dennoch steht man überall am Anfang der Entwicklung, auch in den USA. Aber der Anfang ist gemacht, und es steht außer Zweifel, daß die computer-gestützten Entscheidungssysteme der Zukunft den Stempel
aufdrücken werden. Jedoch, vor zu großem Optimismus sei
dringend gewarnt.

Analyse gegenwärtiger und zukünftiger Entwicklungstendenzen bei der Planung, Entwicklung und Implementierung computer-gestützter Entscheidungssysteme

(Eine Zusammenfassung)
— Plenumsreferat —

Von

Dr. rer. pol. E. Grochla
o. Professor an der Universität zu Köln

Geschäftsführender Direktor
des
Betriebswirtschaftlichen Instituts für
Organisation und Automation an
der Universität zu Köln

Inhalt

Die zunehmende Komplexität des betrieblichen Entscheidungsfeldes
- induziert durch ständig wachsende Unternehmensgrößen, eine steigende Konzentrationstendenz und durch eine zunehmende Internatio-
nalisierung der Beschaffungs-, Absatz- und Finanzmärkte der Unternehmung - zwingt sowohl die Wissenschaft als auch die Wirtschaftspraxis, sich eingehend mit dem Problem der Erhöhung des Informa-
tionsgrades der Entscheidungsträger zu beschäftigen. Welche über-
ragende Rolle die Entwicklung hochleistungsfähiger ADV-Anlagen
im Rahmen der Beschaffung, Transformation und Bereitstellung von
Informationen für die entsprechenden Entscheidungsträger spielen
kann, wenn für ihren Einsatz adäquate zukunftsbezogene und entscheidungsorientierte Anwendungssysteme geschaffen werden, ging aus
allen Beiträgen der Fachtagung hervor.

Die Referate und Diskussionsbeiträge zeigten, daß die Praxis heute
die Probleme bei der Einführung von ADV-Anlagen und des Maschi-
nenwechsels weitgehend gemeistert hat. Sie ließen aber andererseits auch deutlich werden, daß der Computer im kommerziellen
Bereich heute noch vorwiegend für die Verarbeitung von Massendaten im Rahmen vergangenheitsbezogener Abrechnungssysteme eingesetzt wird und daß die Probleme der Praxis heute besonders darin liegen, problemadäquate entscheidungsorientierte Informationssysteme zu schaffen, in denen die Leistungsfähigkeit der ADV-Anlagen zur Entscheidungsunterstützung genutzt werden kann.

Wie insbesondere die Erfahrungsberichte der Fachtagung zu den Fragen der Planung, Entwicklung und Implementierung computer-gestützter Entscheidungssysteme ergaben, stehen heute zwei Problem-
bereiche im Vordergrund des wissenschaftlichen und wirtschafts-
praktischen Bemühens zur Schaffung entscheidungsorientierter Anwendungssysteme. Zum einen sind dies die Probleme des Datenmanagements und zum anderen die Aufgaben, die bei der Entwicklung und Lösung von Modellsystemen bewältigt werden müssen.

A. Probleme des Datenmanagements

Aus den Ausführungen zum Problemkreis des Datenmanagements
war zu erkennen, daß die dazu erforderlichen organisatorischen sowie softwaremäßigen Voraussetzungen erst in Ansätzen erarbeitet
worden sind. Soll das Datenmanagement ein Rationalisierungsinstru-
ment im Rahmen gegenwärtiger oder zukünftiger Informationssysteme bilden, so ergibt sich eine Fülle von Teilproblemen. Diese sind
nur in einer intensiven Zusammenarbeit zwischen Wissenschaft und
Wirtschaftspraxis, verbunden mit einer Kooperation innerhalb der
Wirtschaftspraxis selbst, zu lösen, wenn ein effizienter Einsatz eines
solchen Hilfsmittels in der Zukunft gewährleistet sein soll.

In diesem Zusammenhang ist einerseits die Frage zu prüfen, ob die
bereits entwickelten und von verschiedenen Herstellern angebotenen,
generellen Datamanagement-Systeme den Erfordernissen der Wirtschaftspraxis genügen, so daß ihr effizienter Einsatz gewährleistet
ist. Dabei muß geprüft werden, ob die entwickelten Systeme und
deren file-creation- und file-maintainance-Routinen eine dem wech-
selnden Informationsbedürfnis des Managements gerecht werdende
Erweiterungs- und Anpassungsflexibilität wirtschaftlich zulassen.
Diese Forderung muß sowohl für die in einer Datenbank enthaltenen
Datenbestände als auch für deren logische Verknüpfung erfüllt sein,
wenn durch den Einsatz solcher Systeme der ständig wachsende Informationsbedarf befriedigt werden soll.

Eine weitere Aufgabe bei der Entwicklung entsprechender Datamanagement-Systeme besteht darin, für eine höhere Benutzerfreundlich-
keit dieser Systeme zu sorgen. Dies kann durch die Entwicklung
weiter an die Umgangssprache angenäherter Abfrage- und Dialog-
sprachen erreicht werden. Natürlich sind dabei noch eine Fülle lin-
guistischer Probleme z. B. das Problem "Synonyme und Homonyme"
zu lösen. Andererseits sollte die Weiterentwicklung stark formali-
sierter problemorientierter Datenbankpflegesprachen nicht vernach-
lässigt werden, um durch sie dem Datenbankmanager - oder auch
Datenbankier, wie er heute schon teilweise genannt wird - ein möglichst effizientes "handling" der Datenbankbestände und deren Verknüpfungen zu ermöglichen.

Außerdem sind die Probleme der Datenstrukturierung und die Fragen der optimalen Datei- und Segmentgröße und die damit verbundenen organisatorischen und speichertechnischen Probleme heute

erst in Ansätzen, die noch einer eingehenden Überprüfung und Weiterentwicklung bedürfen, einer Lösung näher gebracht worden, Schließlich sind im Rahmen der Speicherstrukturierung verschiedene Fragen z. B. die organisatorische Gestaltung und das Zusammenwirken von Primär- und Sekundärspeichern erst rudimentär gelöst.

Da in nächster Zukunft mit der Entwicklung von wirtschaftlich einsetzbaren Assoziationsspeichermedien nicht zu rechnen ist, muß durch eine entsprechende Verknüpfung der Datenbestände z. B. durch Adressketten, Indexsysteme, Datei-Beschreibungstafeln usw. ein Zugriff zu logisch interdependenten Datenbeständen ermöglicht werden, selbst wenn die physische Speicherstruktur der Datenbestände von deren logischen Zusammenhängen abweicht.

Wie aus verschiedenen Beiträgen hervorging, wird heute in der Praxis schon teilweise versucht, Anwendungskonzeptionen für selektive Berichts- und Auskunftssysteme zu entwickeln. Darüber hinaus sind ebenfalls schon Ansätze erkennbar, Kommunikationssysteme zu schaffen, in denen der Computer nicht nur als passiver Kommunikationspartner auftritt, sondern ein aktiver Partner in einem Mensch-Maschine-Kommunikationssystem wird. D. h. die Entwicklung computer-gestützter Entscheidungssysteme geht dahin, über Berichts- und Auskunftssysteme schließlich zu Dialogsystemen zu kommen, die in einem Interaktionsprozeß sowohl den Menschen als auch das Sachmittel zu einem aktiven Partner in einem solchen Kommunikationsprozeß werden lassen.

Für die Entwicklung von Berichts- und Auskunftssystemen und im erhöhten Maße für Dialogsysteme ergeben sich spezifische Anforderungen, die an das Datamanagement gestellt werden müssen.

. So muß einmal eine erhöhte Auskunftsflexibilität im Rahmen der Datenbank-Software realisiert werden, so daß auch Abfragen nach bisher nicht definierten Deskriptoren zulässig sind.

. Zum anderen sollte die Auskunftsflexibilität durch Beseitigung formaler Formatanforderungen an Frage und Antwort erhöht werden.

. Wenn die Auskunftsmöglichkeiten erweitert werden sollen, so müssen vor allem auch neue Datenquellen, z. B. zur Erfassung externer Umweltdaten erschlossen werden.

. Schließlich müssen die softwaremäßigen Voraussetzungen dafür geschaffen werden, daß das Sachmittel - ausgelöst durch spezifische Datenkonstellationen - selbst einen Kommunikationsprozeß initiieren kann.

B. Modellsysteme und deren Lösung

Der zweite Problembereich, der sich in verschiedenen Erfahrungs-
berichten niederschlug, war durch die Vorstellung mehrerer in der
Praxis entwickelter und implementierter Modellsysteme und deren
Lösungsalgorithmen gekennzeichnet. Es wurde in diesen Beiträgen
deutlich, daß sich auch die Praxis in zunehmendem Maße zur Abbildung und Durchdringung komplexer Problemstrukturen in der
Unternehmung der Modellbildung und der Modellanalyse bedient, um
so Informationen für eine problemadäquate Entscheidungsfindung zu
gewinnen.

Die meisten der dargestellten Modelle hatten ihren Ursprung und
ihre Datenquellen im Rechnungswesen. Dabei wurden die Vergangenheitsdaten des Rechnungswesens mit Hilfe von Prognosetechniken so
aufbereitet, daß sie als aktuelle, problemrelevante, das prognosti-
zierte Entscheidungsfeld abbildende Daten zur Entscheidungsfindung
benutzt werden konnten.

Hinsichtlich des Modelltyps handelte es sich in der Regel um Mehr-
perioden-Prognosemodelle, die Alternativen für die Entscheidungsträger bereitstellten. Entscheidungsmodelle mit modellinterner Al-
ternativenauswahl und gleichzeitiger Optimierung hinsichtlich des
Entscheidungsziels waren nur für einige strukturierte Problem-
stellungen anzutreffen.

Bei den von den Modellen abgebildeten Objektbereichen standen Fer-
tigungs-, Lager- und Absatzstrukturen in diversen Unternehmungen,
und zwar auf der operativen und dispositiven Ebene im Vordergrund.
In einigen Beiträgen waren jedoch - sozusagen als Ausnahmeerschei-
nungen - schon Ansätze erkennbar, auch Modelle für die strategische Ebene z. B. für Investitionsentscheidungen zu entwickeln und
zu implementieren.

Als Lösungsalgorithmen überwogen Simulationstechniken. Optimie-
rungstechniken wie z. B. die lineare oder dynamische Programmierung gelangten nur in beschränktem Maße zum Einsatz.

C. Gegenwärtiger Stand der Entwicklung

Versucht man den gegenwärtigen Stand der Entwicklung computer-
gestützter Entscheidungssysteme in der Bundesrepublik Deutschland
aufgrund der Erfahrungsberichte aus Wissenschaft und Wirtschaftspraxis und der Diskussionsbeiträge auf der Fachtagung zu skizzieren,
so kommt man zu folgendem Bild:

. Aus vielen Beiträgen ging eindeutig hervor, daß in der Bundesrepublik Deutschland das Ziel der Schaffung eines "Total-Systems" über die Entwicklung von Teilsystemen angestrebt wird. Erst nach der Entwicklung der Teilsysteme soll versucht werden, diese Elemente in einem anschließenden evolutorischen Prozeß zu einem Gesamtsystem zu integrieren.

. Weiterhin zeigten die Beiträge, daß die Praxis versucht, ausgehend von einem funktional gegliedert Informationsverarbeitungssystem der operativen Ebene im administrativen Bereich zuerst Fragen der Verschlüsselung von Ordnungsbegriffen, und Probleme der Zugriffsalgorithmen bei mehrfachen Ordnungsmerkmalen über Indexadressierung, Adressrechnungen usw. zu lösen. Die bisher in diesem Bereich realisierten Lösungsansätze sind allerdings noch nicht allgemein befriedigend.

. Im Rahmen der Modellbildung und -nutzung ist festzustellen, daß sich die bisher entwickelten Modelle - abgesehen von einigen Ausnahmen - auf der operativen oder dispositiven Ebene befinden. Hinsichtlich des materiellen Inhaltes sind dabei folgende Schwerpunkte festzustellen:

- Das traditionelle - primär vergangenheitsorientierte - Rechnungswesen wird weiter zu einem Planungs- und Entscheidungsinstrument ausgebaut.

- Dem Einfluß spezifischer technischer Koeffizienten wird in Simulationsmodellen entsprechend Rechnung getragen.

. Bei allen Beiträgen war festzustellen, daß es sich bei den behandelten Fragestellungen um mehr oder weniger strukturierte Probleme handelt, bei denen nur die absolute oder relative Größe der Parameter variabel bleibt. Dies gilt sowohl für die Modelle auf der operativen und dispositiven Ebene als auch für die Modellansätze im strategischen Bereich.

Aus diesem gegenwärtigen Entwicklungsstand geht ganz deutlich hervor, daß der Weg zum Einsatz des Computers für die Unterstützung bei Entscheidungen erkannt und die ersten Schritte auf diesem Weg bereits getan wurden. Jedoch liegt noch ein weiter Weg vor uns, um zu einem umfassenden Einsatz der ADV-Anlagen im Rahmen des "decision-aiding" zu kommen und um schließlich - zumindest in gewissen Teilbereichen - das Ziel des Einsatzes einer ADV-Anlage zum "decision-making" zu erreichen. Dann werden sich ganz neue Probleme ergeben, wobei die Fragen der Verantwortung und die Probleme der Durchsetzung dieser Entscheidungen einer eingehenden Klärung bedürfen.

D. Entwicklungsrichtungen im internationalen Vergleich

Werden schließlich die Entwicklungsrichtungen computer-gestützter Entscheidungssysteme im internationalen Vergleich betrachtet, so ist festzustellen, daß man im allgemeinen in der Bundesrepublik Deutschland zu einer "Aufwärtsautomatisierungsphilosophie" (bottom to top approach) tendiert. Es wird die Auffassung vertreten, daß zuerst umfassende integrierte operative und administrative Systeme geschaffen werden müssen, bevor an die Entwicklung dispositiver und strategischer Informationssysteme herangegangen werden kann. Diese Auffassung wird nicht zuletzt deshalb vertreten, weil eine einheitliche flexible Datenbasis Voraussetzung für ein wirksames computer-gestütztes Entscheidungssystem sein soll.

Wird diese "Aufwärtsautomatisierungsphilosophie" verbunden mit der Forderung nach der Schaffung umfassender, integrierter Teilsysteme der operativen Ebene mit der Entwicklung in den Vereinigten Staaten von Amerika verglichen, so ist festzustellen, daß dort die umgekehrte, nämlich die "Abwärtsautomatisierungsphilosophie" (top to down approach) vertreten wird. Ebenso wie in der Bundesrepublik Deutschland geht es auch in der amerikanischen Wirtschaftspraxis darum, zuerst Teilsysteme zu schaffen, die dann zu einem Gesamtsystem (total system) integriert werden sollen. Der Objektbereich dieser Teilsysteme liegt jedoch im Gegensatz zu der "Aufwärtsautomatisierungsphilosophie" auf der strategischen und dispositiven Ebene. Verständlich wird dieser "top to down approach" bei der amerikanischen Entwicklung, wenn man bedenkt, welche Bedeutung und Wirkdauer unternehmerische Entscheidungen auf dispositiver oder strategischer Ebene haben. Kleine Verbesserungen im Entscheidungsprozeß - bewirkt durch strategische Modelle - haben eine relativ große, nachhaltige Auswirkung auf den Unternehmenserfolg. Zudem werden für diese Modelle nur wenige innerbetriebliche Daten, die auch manuell bereitgestellt werden können, benötigt. Hingegen ist der Bedarf an externen Informationen in diesen Modellen zum Teil sehr umfangreich.

Dieser Tatbestand erklärt auch oft das Erstaunen der europäischen Besucher in den USA, wenn auf der operativen Ebene nur rudimentäre, relativ einfache, mit der Maschinenkapazität verschwenderisch umgehende Systeme angetroffen werden, die einen Vergleich mit europäischen integrierten Bestell-, Lager-, Fertigungsdispositions- und Abrechnungssysteme nicht Stand halten. Dies mag nicht zuletzt an den anderen Mensch-Maschine-Kosten und der besseren Management-Ausbildung amerikanischer Führungskräfte liegen.

Welche der beiden Entwicklungsrichtungen die richtige ist oder ob sogar beide richtig sind, z. B. aufgrund unterschiedlicher Voraussetzungen und Gegebenheiten, kann nur die Zukunft zeigen. Auf jeden Fall sollte man bei der Schaffung computer-gestützter Entscheidungssysteme auf der Basis eines Mensch-Maschine-Systems den Vorteilen und speziellen Fähigkeiten beider Aufgabenträger, d. h. sowohl denen des Menschen aber auch denen des Sachmittels, gebührend Rechnung tragen.

Die Vorteile des Computers gegenüber dem Menschen liegen vor allem darin, daß er in der Lage ist, eine Vielzahl von Daten mit einer großen Operationssicherheit zu verarbeiten. Außerdem ist er in der Lage - verbunden mit einer entsprechenden Software - eine große Menge von Informationen zu speichern und sie entsprechend den jeweils anfallenden Problemen verfügbar zu halten.

Die Vorteile des Menschen gegenüber dem Computer liegen - selbst unter Berücksichtigung der gegenwärtigen Entwicklung auf dem Gebiete der "künstlichen Intelligenz" - in seinen Fähigkeiten, kreativ tätig zu werden. Daneben ist dem Menschen ein Gefühl für Unsicherheiten und die Fähigkeit zum assoziativen Denken immanent. Außerdem ist er in der Lage, die verschiedenen Alternativen bei einem Entscheidungsprozeß zielkonform zu bewerten und so zu problemadäquaten Entscheidungen zu kommen.

Nur wenn es gelingt, die Aufgabenträger Mensch und Computer entsprechend ihrer spezifischen Qualifikation und ihrer komparativen Vorteile in einem computer-gestützten Entscheidungssystem einzusetzen, werden wir in der Lage sein, die Probleme einer sich ständig und immer schneller ändernden Welt zu lösen.